TEUFELSBERG BERLIN
EIN ZEITDOKUMENT

*****

Für meine Enkelkinder
For my grandchildren

DUNKLE VERGANGENHEIT

Dieser Berg war kein Berg – doch inzwischen sieht er aus wie einer. Gut getarnt durch den umliegenden Wald, der ihn größtenteils erobert hat, kann er seine wahre Herkunft nicht verleugnen.

Denn er ist ein Menschenwerk, erschaffen durch Aufschüttungen inmitten des Berliner Grüngürtelgebiets Grunewald im Stadtteil Charlottenburg - Wilmersdorf.

Ein wahrhaft geschichtsträchtiger Trümmerberg aus Schutt und Asche, der die einst größenwahnsinnigen Ideen der Vergangenheit unter sich begraben hält.

Ursprünglich befand sich an der Stelle, an welcher sich heute der Teufelsberg erhebt, nichts als Wald und ein See, mitunter eine Lichtung hier und da.

Der Grunewald lag über Jahrhunderte in nahezu gespenstiger Ruhe.

DARK PAST

This mountain was not always a mountain – but now it certainly looks like one. Though well camouflaged, conquered by the overgrowth of the surrounding forest, it cannot deny its true origin.

It is man-made, grown from the landfill in the middle of Berlin's green-belt area of the Grunewald in the Charlottenburg-Wilmersdorf district.

A mountain of rubble and ashes emerged, loaded with history, keeping buried beneath it the megalomaniacal ideas of times past.

Originally, there was nothing more in the area where the Teufelsberg is located today than a big forest, and a lake, and a clearance here and there.

For many centuries, the Grunewald had slumbered in almost ghostly silence.

Der Grunewald diente seit dem Mittelalter hauptsächlich der Forstwirtschaft. Die Berliner holten sich hieraus hin und wieder ihr Feuerholz oder schlugen zuweilen auch den einen oder anderen Tannenbaum. Auch verfügte der Wald über diversen Wildbestand und lud in vergangenen Zeiten zur Jagd durch das Gelände, mit den anschließenden üppigen Gelagen, ein. Kurfürst Joachim II. von Brandenburg ließ sich bereits 1542 ein durchaus beachtliches, heute noch immer begehbares, Jagdschloss errichten.

Das Jagdschloss Grunewald* ist der älteste noch erhaltene Schlossbau Berlins und steht am südöstlichen Ufer des Grunewaldsees. Nach den Plänen des Baumeisters Caspar Theiss entstand im Stil der Frührenaissance ein Gebäude, das den Namen *Zum grünen Walde* trug und von dem sich die Bezeichnung Grunewald ableitete.

Since Medieval times, the Grunewald has mainly served as a source of lumber. Every now and then, Berliners would come to gather firewood or to cut down a fir tree or two for Christmas. In the times when the forest was host to a broad range of wildlife, it was a popular place for hunting parties of the noblesse to indulge in their sport , followed by voluptuous feasts, and revelry. By 1542, Kurfürst Joachim II of Brandenburg had built himself a rather elaborate hunting lodge, which can still be visited today.

The Jagdschloss Grunewald* is the oldest remaining Schlossbau construction in Berlin and is located on the south-eastern shore of the Lake Grunewald. According to plans by the master-builder Caspar Theiß, an early Renaissance style construction was built and bore the name Zum grünen Walde, which the name Grunewald derived from.

*Verwaltet von der Stiftung Preußische Schlösser und Gärten Berlin-Brandenburg wird das Jagdschloss seit 1932 museal genutzt. Es beherbergt neben zahlreichen Gemälden von Lucas Cranach d. Ä. und seinem Sohn eine Jagdzeugsammlung.

*Since 1932 the Jagdschloss Grunewald is under the administration of the Stiftung Preußischer Schlösser und Gärten Berlin-Brandenburg and can be visited as a museum. Besides numerous paintings by Lucas Cranach d.Ä. and his son, it holds a collection of hunting equipment on display.

DER TEUFELSSEE

Soweit vage bekannt, soll sich hier in vorchristlicher Zeit ein Thingplatz befunden haben, ein Versammlungsort der Rechtsprechung. Später dann ein heidnischer Opferplatz, aus dem sich auch der Name des anliegenden Teufelssees ableiten soll. Auch heute noch ließe sich gerne derartiges assoziieren, denn das Gebiet rund um den Teufelssee verbreitet durchaus ein mystisches Flair, dem man sich kaum entziehen kann.

Idyllisch gelegen, mitten im Wald, ein abflussloser kleiner See mit einer Tiefe von sechs Metern, bot eine beliebte Badestelle und Tummelplatz für Freizeitsport und der im 19. Jahrhundert entstandenen Freikörperkultur. Eine Bewegung, die sich bis heute erhalten hat. Nacktbaden ist hier völlig selbstverständlich!

Am Ostufer befindet sich das 1873 erbaute Wasserwerk, das älteste noch erhaltene in Berlin. Es wurde 1969 stillgelegt und gehört heute zum Naturschutzzentrum Ökowerk Teufelssee.

Der Teufelssee ist nicht zu verwechseln mit dem gleichnamigen See in Berlin-Köpenick. Auch um dieses Gewässer ranken sich verschiedene Sagen*. Nach einer von diesen Geschichten soll dort ein Teufelsaltar gestanden haben.

THE DEVIL'S LAKE

According to the vague tales only remembered by some, the area around the Teufelssee served as a 'Thingplatz', an ancient jurisdictional assembly place in pre-Christian times. It is assumed that later it served as a Pagan sacrificial altar. This is easy to believe as to this day the area exudes a gentle but distinct mystic air that one can hardly deny. Amidst the idyllic forest location lies a little kettle lake, six metres deep, that served as a genuine outdoor playground for swimmers and naturists.

In the 19th century, a new movement arose: a form of naturalist nudism called Free Body Culture (Frei Körper Kultur), which remains popular today. Nude bathing is perfectly natural here! On the eastern bank stand the Teufelssee waterworks, built in 1873; they are the oldest remaining waterworks in Berlin. Decommissioned in 1969, they are now part of the natural preservation centre Naturschutzzentrum Ökowerk Teufelssee. The Teufelssee should not be confused with a lake of the same name in Berlin-Köpenick. It is equally a place of legend and the site of numerous mystical stories. According to legend it once hosted a Satanic altar!*

---

*Den Beginn einer anderen Sage über ein im See verschwundenes Schloss erzählt Inge Kiessig wie folgt nach: „In dem dichten Schilfgürtel am Rande des Teufelssees lag früher ein Großer Stein. Man nannte ihn den Prinzessinnenstein, denn er zeigte die Stelle an, an der einmal ein prächtiges Schloss gestanden hatte, das eine Prinzessin bewohnte. Sie wurde verwünscht und ist samt ihrem Palast im Moor versunken. Zuweilen aber kam sie zum Vorschein."

Inge Kiessig tells the beginning of a legend revolving around a vanished castle: 'In the thicket of a reed belt at the shore of the Teufelssee once laid a large stone. It was called the princess' stone because it indicated the place where a marvellous castle once stood which was inhabited by a princess. A spell was cast upon her, making the princess and her palace sink into the moor and vanish. Ever since, the ghostly form of the white lady appears in unexpected places …'

Ende des 19. Jahrhunderts wandelte sich der Grunewald schließlich, durch eine immer engere Anbindung an den Stadtkern, zum Naherholungsgebiet für die Bevölkerung. Hierbei waren die Sorgen und Probleme des Berliner Stadtlebens gar nicht so verschieden zu den heutigen und das Bedürfnis zum Wandern, Klettern, Baden, Pilze sammeln und Beeren pflücken, ließ die Menschen zuhauf in den Wald strömen. Um der drohenden Übernutzung insbesondere durch Abrodung im großen Stil entgegenzutreten, sammelten derzeit schon zwei ortsansässige Zeitungen im Jahr 1904 über 30.000 Unterschriften, die sich gegen die „Vernichtung des Grunewalds" richteten, da die fortschreitende und bedrohlich wirkende Abholzung zur Verkleinerung des Waldes führen würde. Diese Aktion gilt als eine der ersten deutschen Umweltschutzbewe-gungen überhaupt und zeigt nebenbei, wie lieb und teuer der Grunewald einem Großteil der Berliner Bevölkerung bis zu diesem Zeitpunkt schon geworden war. Hier fand der Städter jene Entspannung, die es in der schon damals hektischen Metropole sonst nicht gab.

By the end of the 19th century, with the distance between the Grunewald and the city centre consistently shrinking, the area eventually turned into a recreational resort for the population of Berlin. The woes and problems of the citizens at the time weren't so different from those of today's city dwellers. The desire to go hiking, climbing, swimming, mushroom hunting, and berry collecting inspired the people to flock to the forest. In 1904, in order to prevent overuse, especially by deforestation, two local newspapers collected 30,000 signatures as a large scale measure targeted against the 'destruction of the Grunewald'. They feared that the unrestricted lumbering would lead to a drastic reduction of the forest. In fact, this action is considered to be the very first German environmental protection measure and demonstrates how dear and precious the area had become for the majority of Berliners. Here is where they could find repose from the hectic life in the metropolis!

DIE WEHRTECHNISCHE FAKULTÄT

Doch mit der Machtergreifung durch Adolf Hitler und den Nationalsozialisten sollte sich das erholsame Treiben schnell ändern. Hier sollte nun der Traum vom Tausendjährigen Reich verwirklicht und Berlin die Welthauptstadt werden, wobei vorrangig das utopische Ziel war, zunächst die Welt zu erobern. Fasziniert von dieser Idee und gemeinsam mit seinem Architekten und Bauinspektor, Albert Speer, verbrachte Hitler unzählige Stunden mit dem Entwurf der künftigen Metropole im Monumentalbaustil mit dem Arbeitstitel: Germania. Mit der Grundsteinlegung am 27. November 1937, am Fuße des heutigen Teufelsbergs, nahm das Vorhaben seinen Anfang. Hier sollte die Wehrtechnische Fakultät, ein Neubau der Technischen Hochschule Berlin, entstehen. Geplant war ein riesiges Hochschulzentrum.

Das erste Gebäude, das im Zuge der Realisierung von Germania begonnen wurde, war die Wehrtechnische Fakultät und sollte nach Hitlers Vorstellungen ein „Denkmal der deutschen Kultur, des deutschen Wissens und der deutschen Kraft" werden.

DEFENCE TECHNICAL FACULTY

However, in 1933 after the takeover by Adolf Hitler and the National Socialists, all recreational activities came to a grinding halt. Their plan was to realise the dream of a thousand year empire, Berlin was meant to become the world's capital; this dream was based upon the fantastical idea of conquering the world first! Fascinated by this perspective and together with his architect and building inspector, Albert Speer, Hitler spent countless hours designing the future metropolis to be built in a monumental style named Germania. In November 1937, after the cornerstone ceremony, the events took there course. The Wehrtechnische Fakultät was meant to be the modern extension of the Technische Hochschule Berlin.
The Wehrtechnische Fakultät was to be the first construction for the realisation of Germania and, according to Hitler's imagination, it would represent a 'monument to German culture, German knowledge, and German strength'.

Ein festungsartiger, quadratischer Bau mit vier, an den Ecken, hervorstehenden Außentürmen und einem großen Haupttor an der Stirnseite. Alles in allem ein Gebäude, das einer Kaserne näher kam als einer Universität.

A fortress-like, quadratic construction with four protruding towers at each corner and a main gate at the front side; all in all, a building reminiscent of a military barracks rather than a university.

Zwischen Olympiastadion und Teufelssee, links und rechts der Heerstraße, sollten jedoch nicht nur die Wehrtechnische Fakultät und eine ganze Hochschulstadt entstehen. Auch eine neue Universitätsklinik war geplant, welche die alteingesessene Charité in der Innenstadt ersetzen sollte. Weiterhin sollte nach den Vorstellungen Speers der Botanische Garten und der Zoologische Garten hierher verlegt werden.

Hier, mitten im Grunewald, sollte die „wehrwissenschaftliche Ausbildung" garantiert werden. Was darunter zu verstehen war, bleibt bis heute zu großen Teilen der Fantasie und den Mutmaßungen überlassen. Mit Sicherheit ging es den Nazis bei der Gründung solcher „Hochschulen" um die gezielte Züchtung der Nachwuchskader. So auch im Falle der Wehrtechnischen Fakultät, die jedoch nie fertig gestellt wurde und in der es keine einzige Lehrveranstaltung gab.

Between the Olympic Stadium and the Teufelssee, to the left and right of the Heerstraße it had not only been planned to build the faculty but along with it an entire university city and a new university hospital replacing the well-established Charité of Berlin located in the city centre. According to Albert Speers' ideas, the botanical garden and the zoo would also be transferred to this green-belt area.

Here, in the middle of the Grunewald, a special training in 'military science' was meant to be assured. What this was intended to mean exactly remains a matter of imagination and conjecture. Certainly, the Nazis aimed to develop a select educational breed of 'new blood squads' in the university complex. This includes the Wehrtechnische Fakultät, which, however, was never completed and in which not a single course or seminar was ever held.

Im Februar 1940, zwei Jahre nach Baubeginn, entschied die Reichsleitung allerdings die Einstellung aller „kriegsunwichtigen" Bauten, zu denen auch die Wehrtechnische Fakultät gehörte. Die Fertigstellung des Rohbaus wurde schließlich auf die Zeiten „nach dem Endsieg" verlegt. Schließlich und letztendlich bildeten die massiven Mauerwerkskonstruktionen dann während der Abräumarbeiten nach Ausgang des Krieges den Grundstein des heutigen Teufelsbergs.

In February 1940, two years after the start of construction, the Reich's leadership decided to stop all 'non-war relevant' constructions, which also included the Wehrtechnische Fakultät. The completion of the shell was then postponed until 'after the ultimate victory'. Finally and ultimately, after the end of the war and during the clearing of the ruins, its massive masonry structures formed the foundation, the first layer of today's Teufelsberg.

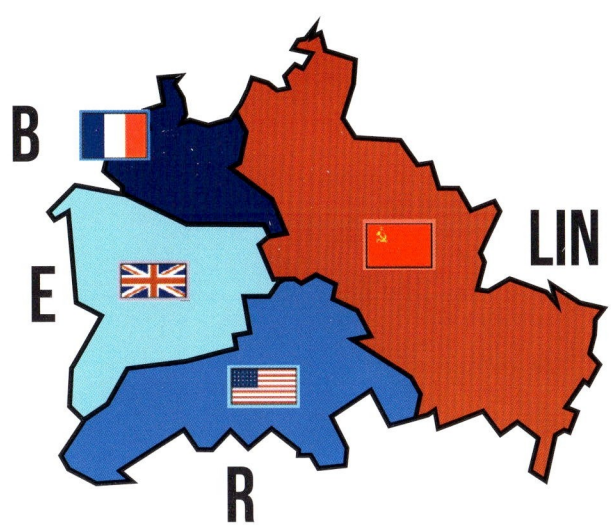

KRIEGSENDE UND TEILUNG IN BESATZUNGSZONEN

Der Zweite Weltkrieg hinterließ in Berlin nicht nur Wunden, traumatisierte Überlebende und unendlich viel Leid, sondern auch enorm viel Zerstörung. Im Herbst 1940 erlebte die Stadt ihren ersten Luftangriff durch britische Flugeinheiten. Ab 1943 intensivierten sich die Bombenabwürfe beträchtlich, sodass beim Einmarsch der Roten Armee und der damit anstehenden Schlacht um Berlin, bereits mehr als die Hälfte der deutschen Hauptstadt in Schutt und Asche lag. Nach der Kapitulation der deutschen Wehrmacht am 08. Mai 1945 waren nur knapp ein Viertel aller Berliner Wohnungen unbeschädigt geblieben, nur noch knapp hundert der einstmals 226 Brücken überhaupt existent und allein die Vorstellung, dass aus diesem Chaos irgendwann wieder eine zusammenhängende Stadt entstehen könnte, schien fast unvorstellbar. Zudem gestaltete sich die Frage, wohin man all den Bauschutt verfrachten sollte, als ernsthaftes Problem. Um den Wiederaufbau an verschiedenen Orten durchgehend flüssig zu organisieren, war es nötig, feste Deponien zu benennen, welche ständig anfahrbar und ausbaufähig waren. So wurde die Idee vom Trümmerberg geboren. Diese fand jedoch nicht allein in Berlin ihre Anwendung, sondern vielmehr in jeder vom Krieg getroffenen deutschen Stadt.

END OF THE WAR AND DIVISION INTO ZONES OF OCCUPATION

In Berlin, World War II did not only leave horrific wounds, traumatised survivors, and tremendous suffering but also enormous destruction. In the fall of 1940, the city experienced its first air strike by the British. From 1943 onwards, the bombardment intensified considerably, so that at the time of the Red Army invasion and the forthcoming Battle of Berlin more than half of the German capital had already been turned into rubble and ashes. After the surrender of the German Wehrmacht on May 8, 1945, only one quarter of all Berlin homes remained undamaged, hardly one hundred out of 226 bridges still existed, and the idea of possibly rebuilding a coherent city from this chaos seemed almost unimaginable.
Furthermore, the question arose of where to dump all the debris. This turned into a problematic issue. In order to organise the reconstruction in a way that allowed for a continuous flow in different parts of the city, it was necessary to determine dumpsites with sustainable and extendable access. Thus arose the idea of the mountain of rubble. It was used not only in Berlin but in all other German cities hit hard during the war.

Es gibt zahlreiche Trümmerberge in München, Dresden, Stuttgart, Leipzig, Köln und vielen anderen, vor allem bombardierten, Großstädten. Berlin allein hatte jedoch über 15 Prozent der gesamt-deutschen Trümmermasse zu beseitigen und so war es von vornherein absehbar, dass hier nicht nur ein oder zwei, sondern eine Vielzahl solcher Trümmerberge benötigt wurden. So suchte man nach Orten innerhalb des Stadtgebiets. Die Erhebung in Friedrichshain oder der Insulaner in Steglitz sind solche Trümmerberge.

Doch man stieß schnell an Grenzen. So fiel die Wahl schließlich auf den Grunewald, nahe dem Teufelssee. Dort, wo die Wehrtechnische Fakultät stand, sollte Berlins größter Trümmerberg entstehen, der ideale Ort für eine großflächigere Ablagerung von Gebäuderesten, Industrieabfällen und Müll.

Die Schuttbeseitigung lag maßgeblich in den Händen der ‚Trümmerfrauen', nicht zuletzt deshalb, weil eine ganze Generation Männer im Krieg gefallen oder in Gefangenschaft geraten waren. In den ersten Jahren nach dem Krieg suchten Berliner Kinder in der Ruine der ehemaligen Nazi-Universität nach „verlorengegangen Schätzen". Nicht wenige davon, wie zum Beispiel Stempel, Abzeichen, Uniformen oder gar Eiserne Kreuze wurden zu Souvenirs für Alliierte, vor allem für US-amerikanische Soldaten. Diese Fundstücke wurden in den Nachkriegsjahren auf dem Berliner Schwarzmarkt insbesondere gegen Zigaretten, Kaffee und Kaugummi gehandelt.

Das Graben nach Tauschware wurde immer schwieriger, ab 1950 war es im Grunewald sogar verboten. Die ehemalige Wehrtechnische Fakultät wurde gesprengt, nicht zuletzt deshalb, weil man große Teile als Baumaterial weiterverwenden konnte. Dann begann die Aufschüttung. Wobei die Frage nach den Kellergewölben des Gebäudes bis heute ungeklärt im Raum steht.

There are many such mountains of rubble in Munich, Dresden, Stuttgart, Leipzig, Cologne, and in many other bombarded cities. Berlin, however, had 15 % of the total amount of German war debris to remove. It soon became apparent that Berlin needed many more dumping sites. So it came that several artificial mountains like the 'Mount Klamott' in Friedrichshain and the Insulaner in Steglitz emerged over the years in various parks and green-belts.

As all of these artificial mountains quickly reached their limit long before all the rubble had been removed, the search for more space continued. Finally, it was decided to designate the Grunewald area near the Teufelssee, the place where the ruins of the Wehrtechnische Fakultät still remained. The ideal location for the deposit of rubble, industrial waste, and ordinary garbage was found here.

The removal of all the debris mainly laid in the hands of the 'Trümmerfrauen', which literally translates to ‚ruin women', as almost an entire generation of men were dead or in war captivity. In the first years after the end of the war, the ruins of the Nazi university attracted mostly children to hunt for 'lost treasures'. Uniforms, medals, stamps, and iron crosses, to name just a few items, became desirable souvenirs for the Allies, particularly for the American soldiers. Especially during the years after the war, these artefacts were dealt on the Berlin black market and exchanged for cigarettes, coffee, and chewing gum.

However, the excavation of such exchange articles became more and more difficult and in 1950 the exchange was even prohibited. The Wehrtechnische Fakultät was demolished and the Teufelsberg was born. Until today, the question remains whether there were any secret passages and cellar vaults that had never been discovered …

Der Verein Berliner Unterwelten e.V. interessiert sich schon seit Jahren für die Erforschung der Anlage unter der Wehrtechnischen Fakultät. In einem Interview mit dem Tagesspiegel vom 12.06.2007 erklärt Dietmar Arnold, Untergrundforscher und Mitbegründer des Vereins: „In großen Teilen muss die Fakultät noch vorhanden sein (...). Und gewiss gebe es dort unten auch eine riesige, mehrstöckige Bunkeranlage im Tiefgeschoss."

The association Berliner Unterwelten has been interested in exploring the complex underneath the Wehrtechnischen Fakultät for many years. On June 12, 2007, Dietmar Arnold, co- founder of the association explains in his interview with the German newspaper Der Tagesspiegel: 'In many parts, the faculty must still exist (...) And certainly beneath it, in the basements, there is a gigantic multi-level bunker.'

Das Plateau wuchs rasant gen Himmel. So entstanden in Rekordzeit zwei Erhebungen, der Teufelsberg und der ihm gegenüberliegende „Drachenberg". Ab 1952 wurde das Gelände bewaldet, mit über einer halben Million verschiedener Sträucher und Bäume. Sie wuchsen mit dem Berg, aber nicht ganz so schnell. Noch in den 60er und 70er Jahren glich die Gegend an manchen Stellen eher einer Wüste. Viele Anwohner klagten über den herübergewehten Müll in ihren Vorgärten. Das sorgte für großes Ärgernis. Das so ersehnte Naherholungsgebiet sollte noch lange auf sich warten lassen. Doch der Berg wuchs weiter und fast über Nacht hatte er, Ende der 60er Jahre, eine Höhe von über 110 m erreicht. Er war nunmehr zu einer der höchsten Erhebungen der Stadt geworden. Damit wuchsen die Begehrlichkeiten. Vor allem die West-Alliierten Militärstreitkräfte sahen im entstehenden Teufelsberg einen potentiellen, strategisch wichtigen Punkt.

Kurzerhand wurde der Teufelsberg seiner eigentlichen Zukunft als Berliner Ausflugsziel zum großen Teil beraubt und zum militärischen Sperrgebiet erklärt. Von hier aus konnte man die Stadt beobachten, bis hin nach Moskau. Ein idealer Lausch- und Horchposten!

The plateau rose swiftly toward the sky. In practically no time, a second hill emerged across from the Teufelsberg, the 'Drachenberg' (dragon's mountain). From 1952 onward, the area was reforested with more than half a million different bushes and trees. But as the plants did not grow as fast as expected, the Teufelsberg area resembled more of a desert until the late 60's and 70's and nearby residents continuously complained about the flying garbage landing in their gardens, carried across by the wind. This caused a lot of distress among the Berliners because they were longing to recapture 'their' recreational playgrounds, which still remained far out of reach. Nevertheless, the mountain grew steadily and aside from the disturbing sandstorms and garbage-carrying breezes it started attracting another interested species - the Western allied military forces!

Without further ado, the area of the Teufelsberg was declared a restricted military zone. The strategically ideal spot offered an excellent view of the city and the military became all ears concerning all activities stirring from direction of the East Block...

Denn es gab landschaftlich keine Erhöhungen, die den Abhörprozess hätten beeinträchtigen können.

....and Moscow. There were no geographical obstructions that might have interfered with the electronic eavesdropping on the capital of the former Soviet Union..

KRIEGSENDE – BEGINN KALTER KRIEG

Wie schon 1945 geplant, verblieben die Alliierten als Schutzmacht nach Kriegsende in Berlin und Deutschland um vor neuen Bedrohungen zu schützen und den zu befürchtenden Kommunismus in Schach zu halten. Um den zerschossenen ‚Kuchen' zu teilen, wurden Berlin und Deutschland in vier Besatzungszonen aufgeteilt, eine Teilung die unweigerlich in den Kalten Krieg mündete.

END OF THE WAR – START OF THE COLD WAR

As was determined in 1945, just before the end of the war, the Allies remained in Berlin and Germany for protection from any new dangers and threats and especially to keep the much feared threat of communism at bay. To share the bullet-ridden 'cake', Berlin and Germany were divided into four zones – occupation zones – a division which automatically led into the Cold War.

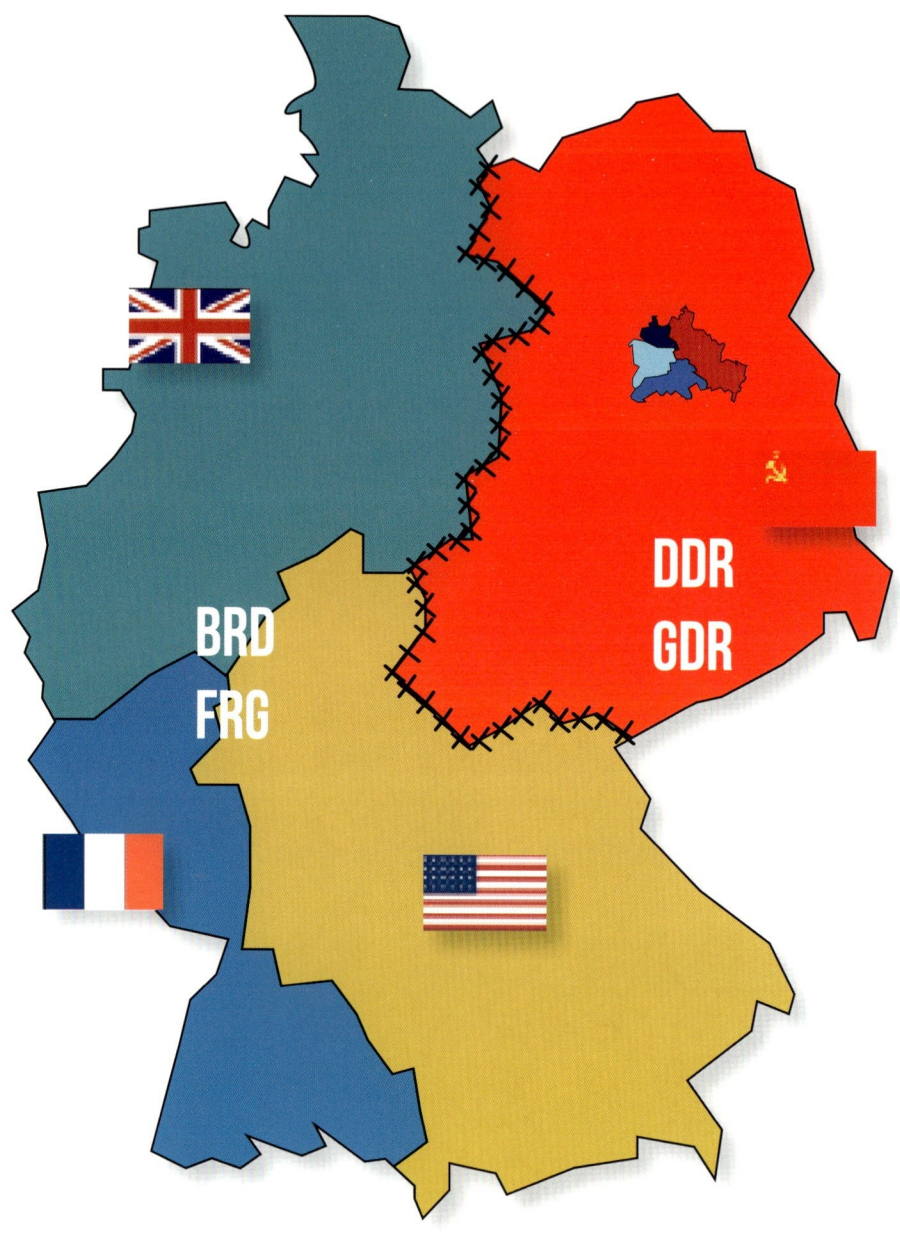

Artist: Robi the Dog

DER TEUFELSBERG IM KALTEN KRIEG

Kalter Krieg auch Ost-West-Konflikt, der jahrzehntelang (1947-1989) von beiden Lagern – den Westmächten unter Führung der USA und dem Ostblock unter Führung der damaligen Sowjetunion – ausgetragen wurde. In der Nachkriegszeit traten die unterschiedlichen Ziele und Interessen der Supermächte bei der Neuordnung der Welt hervor und führten zur Teilung Europas in zwei feindliche Machtblöcke mit zugehörigen Militärbündnissen: der NATO und den Staaten des Warschauer Paktes.

THE TEUFELSBERG DURING THE COLD WAR

The Cold War, also called the East-West conflict, lasted for decades (1947-1989) between two central parties – the Western powers led by the USA and the East Block led by the former Soviet Union. After the war, the different aims and interests of the super powers became apparent very quickly. Over the course of the new distribution of a world order, this animosity led to a separation into two opposing power blocks in Europe, supported by the respective associated military alliances: the NATO and the Warsaw Pact.

"In der internationalen Politik geht es nie um Demokratie oder Menschenrechte. Es geht um die Interessen von Staaten. Merken Sie sich das, egal, was man Ihnen im Geschichtsunterricht erzählt." Egon Bahr, März 2013

International politics never take action on behalf of democracy and human rights. They only take action on behalf of the interests of states. Remember that, no matter what they tell you in history lessons.' Egon Bahr in March 2013

Obwohl der Konflikt streckenweise bedrohliche Formen annahm, kam es nicht zu einer direkten militärischen Auseinandersetzung zwischen den beiden Supermächten.

Although the conflict in parts assumed threatening proportions, it did not escalate into a direct military confrontation between the two powers.

Die direkte Systemkonfrontation der völlig konträren Ideologien von Kommunismus und Kapitalismus, forderte von beiden Blöcken alles Erdenkliche an politischen, wirtschaftlichen, technischen und militärischen Anstrengungen zu unternehmen, um das jeweilige andere System in seinem Einfluss zurückzudrängen und weltweit einzudämmen.

The direct confrontation of two systems entirely contrary in ideology, communism on the one hand and capitalism on the other, required from both blocks to undertake everything possible on a political, economic, technical, and military level in order to curtail and push back the influence of the other system across the globe.

Dieser Konkurrenzkampf zeigte sich auch in der Verbreitung ideologischer Propaganda, dem Wettrüsten und den damit verbundenen ständigen Drohszenarien des Overkill durch Atomwaffen.

This rivalry was also reflected in the proliferation of ideological propaganda by both systems and their allies, in the arms race, and the constant threat associated with the overkill stockpile of nuclear weapons.

ASTRONAUT

KOSMONAUT

So auch in der Wirtschaftsentwicklung, den Bereichen Kultur, Sport, Wissenschaft und Technologie, und bei den mit großem Aufwand betriebenen Raumfahrtprogrammen beider Seiten.

The same went for economic developments, culture, sports, science, technology, and especially the aerospace programmes pursued by both sides at great expense.

Die Bündnissysteme standen sich hochgerüstet gegenüber und prägten jahrzehntelang eine bipolare Welt mit unvereinbaren politisch-wirtschaftlichen Konzepten.

Both systems of allegiances, highly equipped and fully armed, stood face-to-face and for decades polarised the world with irreconcilable ideologies and political concepts.

Aus westlicher Sicht standen dabei Freiheit und Demokratie gegen totalitäre Diktatur sowie Marktwirtschaft gegen Planwirtschaft. Aus östlicher Sicht stand die von der Staatspartei geleitete allseitige Entfaltung der Sozialistichen Persönlichkeit (Leben, Lernen, Arbeiten) im Übergang zum Kommunismus gegen die systematische Ausbeutung im imperialistichen Kapitalismus - dem Wolfgesetz.

Looking at it from a Western perspective, freedom and democracy stood against totalitarian dictatorship and market economy against state directed economy. Looking at it from the Eastern perspective, the holistic development of the socialistic personality (Life, Learning, Work) in transition to communism stood against the systematic exploitation by an imperialistic capitalism – Wolf's law.

Die unterschiedlichen Interessen, die Wirtschaftssysteme und ihre Entwicklung machten sich recht schnell unter den Bürgern im östlichen Teil Deutschlands bemerkbar. Die Bolschewisierung oder Enteignung und Verstaatlichung aller Betriebe sowie die Einführung der Planwirtschaft schaffte großen Unmut, da die Versorgung oder Erlangung von Gütern praktisch hinterher hinkte oder selbstverständliche Dinge des Lebens gar nicht zu bekommen waren. Damit war eine Abwanderung vor allem der ostdeutschen Intelligenzjia in den westlichen Teil vorprogrammiert und setzte schon kurz nach dem Krieg ein. Am 17. Juni 1953 kam es in Ostdeutschland (DDR) zu Streiks, Demonstrationen und Protesten, verbunden mit politischen und wirtschaftlichen Forderungen. Es war nicht nur die schlechte Versorgung, die die Menschen in den Westen trieb, insbesondere war es auch der psychologische Druck, der im Laufe der Zeit vom System ausging, um die staatlich programmierte sozialistische Ideologie zu implantieren.

Die permanente Kontrolle, das unter Beobachtung stehen, das Eindringen der Überwachung bis in den privaten Lebensbereich, oder durch Denunziation Opfer von falschen Informationen mit allen Konsequenzen zu werden bis hin zum plötzlichen Verschwinden durch Verhaftungen - in einem Gefängnis gleich anmutenden Staat hinter dem Eisernen Vorhang zu leben, dieser Zustand war für viele Menschen nicht länger ertragbar. Wobei viele im System die Funktion der ‚Wanze' erfüllten. Selbst in Familien gab es Staatssicherheitstreue, Spitzel, die nicht systemgetreues Denken der nächsten Angehörigen und ihren Freunden dem Staatssicherheitsdienst übermittelten.

Als die Abwanderung, die unter Strafe stehende Republikflucht, kaum noch aufzuhalten war, wurde rigoros am 13. August 1961 über Nacht die Mauer errichtet ...

... der anti-imperialistische Schutzwall !

Ministerium für Sicherheit (1950) - Staatssicherheitsdienst auch allgemein bekannt als Stasi war die Staatssicherheitsbehörde und Geheimdienst der damaligen DDR und zugleich Ermittlungsbehörde (Untersuchungsorgan) für „politische Straftaten". Die Stasi war innenpolitisch vor allem ein Unterdrückungs- und Überwachungsinstrument, das dem Machterhalt diente. Dabei setzte es Mittel der Überwachung und Einschüchterung gegen Regimekritiker („feindlich-negative Personen") ein.

The true interests and the effects of the different economic systems became increasingly apparent and created resentment among the people in the eastern part of Germany. People began to migrate from the eastern part after the Bolshevik nationalisation and expropriation of all companies, plants, and manufacturing enterprises.

But the state directed economy failed to produce and supply enough goods and even orders of ordinary items required long waiting periods or were not available at all.

More and more people longed to be in the western part of Germany and constant migration and brain-drain was practically pre-programmed.

The Uprising of 1953 in East Germany began with a strike by East Berlin construction workers on June 16, 1953. By the next day, it had turned into a widespread uprising against the German Democratic Republic government.

It was not only the economic system which drove people west but also the psychological strain. Being constantly watched and controlled, supervised and turned into victims of spying, denunciation, and false information, being subject to sudden arrest as well as the drastic consequences of being locked up in a prison-like state behind the iron curtain with an ideology forced on them, was something many people could not accept.

It was very common for many people to serve the system as a human 'bug'. Even within families, denunciation was quite common and close relatives and friends were reported for 'disloyal thinking' to the Stasi.

When the migration, or 'desertion of the republic' as it was called by the East German government, could no longer be stopped, a wall was built around and through Berlin in the night of August 13, 1961 ...

...the anti-imperialist protection wall.

The Ministry for State Security (German: Ministerium für Staatssicherheit, MfS), commonly known as the Stasi (abbreviation: Staatssicherheit, State Security), was the official state security service of the German Democratic Republic or GDR, colloquially known as East Germany

Movie recommendation:
The Lives of Others
(2006, Director: Florian Henckel von Donnersmarck)

Immer ähnlicher wurden die beklemmenden ostdeutschen Lebensverhältnisse, insbesondere nach Errichtung der Mauer, dem von George Orwell in seinem dystopischen Roman ‚1984' beschriebenen Leben in einem totalen Überwachungsstaat.

The living circumstances in East Germany resembled more and more closely the Orwellian surveillance society, as it is described in the dystopian novel '1984' by George Orwell, especially after the wall was built and life behind the iron curtain became increasingly unbearable ...

04.10.1961 Die Fenster werden vermauert. Grenzhaus aus dem Ida Siekmann auf den zu West-Berlin gehörenden Bürgersteig in den Tod sprang

October 4, 1961 *The windows are bricked-up. Border house from which Ida Siekmann jumped to her death onto the West Berlin pavement.*

Im Nordwesten befand sich der Französische, im Mittelwesten der Britische und im Südwesten der Amerikanische Sektor. Die Mauer verlief, mehr oder weniger, von Nord nach Süd und teilte Berlin in der Mitte. Der gesamte Ostteil war Russischer Sektor.

In the north-west was the French sector, in the mid-west the British and in the south-west the American sector. The wall ran more or less from north to south and divided Berlin down the middle. The entire eastern part was the Russian sector.

... gehn se bitte weiter, hier gibts nichts zu sehen ...

... *please move along, there is nothing to see here ...*

Artist: Somek

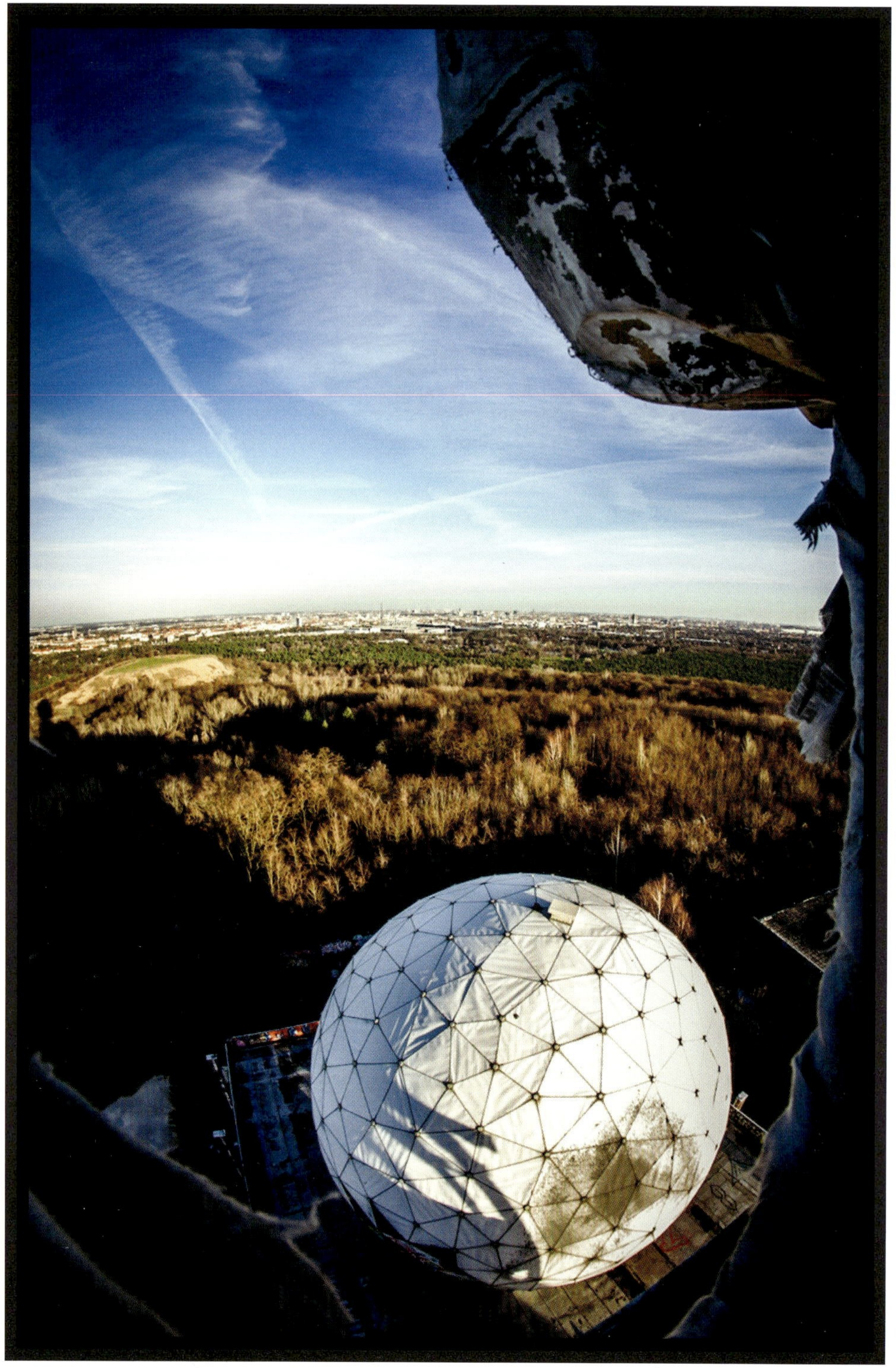

AMERIKANISCHE INTERESSEN AUF DEM TEUFELSBERG

Obwohl im Britischen Sektor gelegen, errichteten zwischen 1957 und 1961 US-Amerikanische Soldaten auf dem Gipfel ihre Antennen. Von diesem Moment an beanspruchten sie das Teufelsberg-Plateau, für die nächsten 35 Jahre, offiziell zur Überwachung des Flugverkehrs über Berlin. Wie sich erst in den 80ern herausstellen sollte, überwachten die dort stationierten amerikanischen und letztendlich auch britischen Soldaten jedoch beträchtlich mehr. Die eigenartigen „Metalltüten", wie man die Radomtürme der späteren, fest installierten Anlage nannte, waren schon geheimnisumwittert genug.

„ ... Da stehen ein paar wirklich seltsam aussehende Türme auf einem Hügel, mitten in der Stadt, nahe der Mauer, und dort oben sieht man, wenn überhaupt, nur vereinzelte Militärs herumlaufen; außerdem ist der Gipfel Privatpersonen nicht zugänglich."
Man vermutete, rätselte und munkelte ...

AMERICAN INTERESTS ON THE TEUFELSBERG

Although located in the British sector, US soldiers set up their antennae on the Teufelsberg summit in the years 1957 to 1961. From then on, for the next 36 years they claimed this plateau for themselves. Officially: for the monitoring of air traffic above Berlin! As it was only emphasised in the 80's, the station was also used extensively by the Americans and ultimately by British units for far more extensive surveillance. The Berliners were always puzzled by these strange 'metal bag' installations clouded in mystery; later on these 'bags' were called 'Radome towers'.

'What are these odd installations on the hill? And why are civilians prohibited from going there? And if one ever catches a glimpse, why is only military personnel seen walking around up there?'

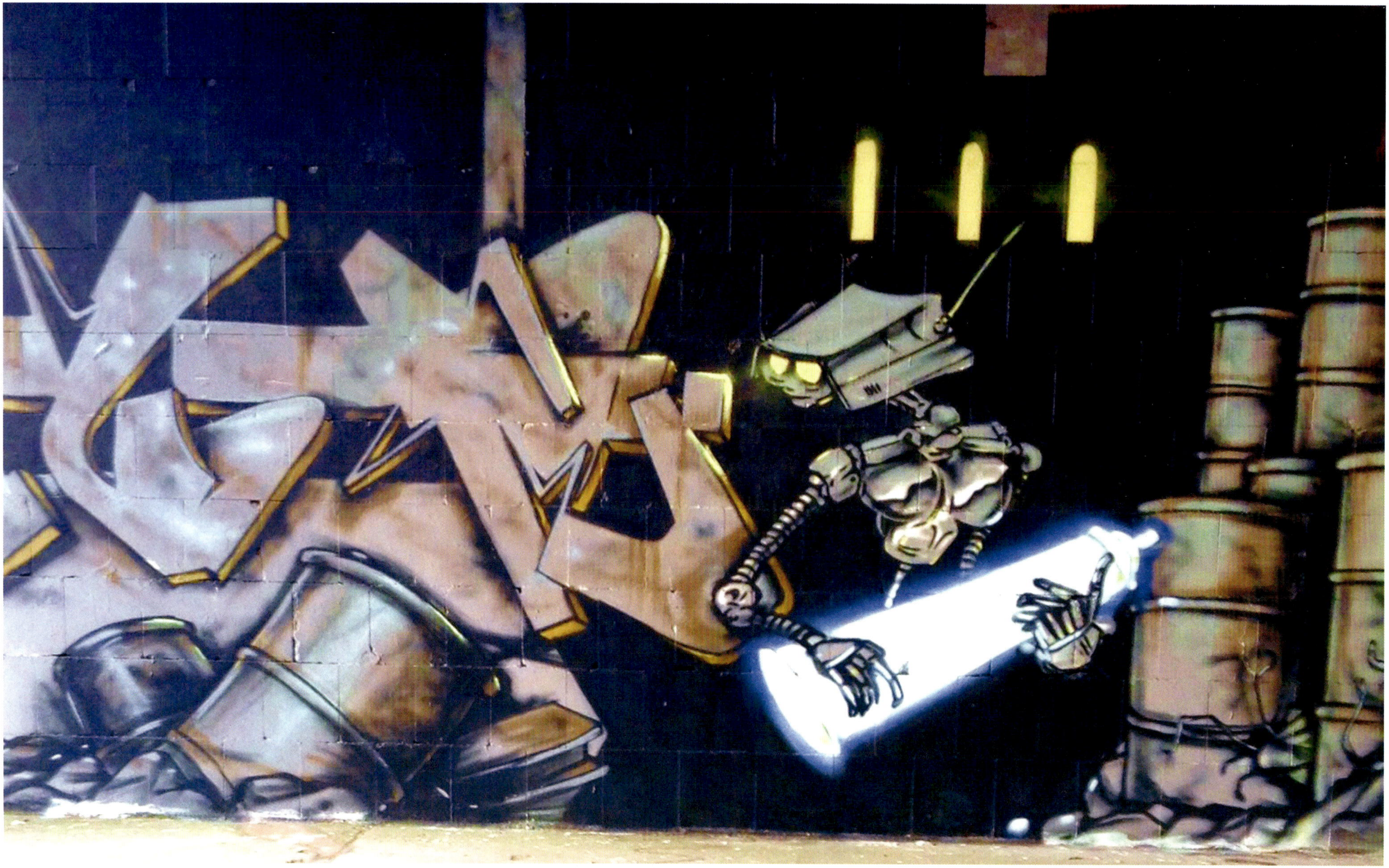

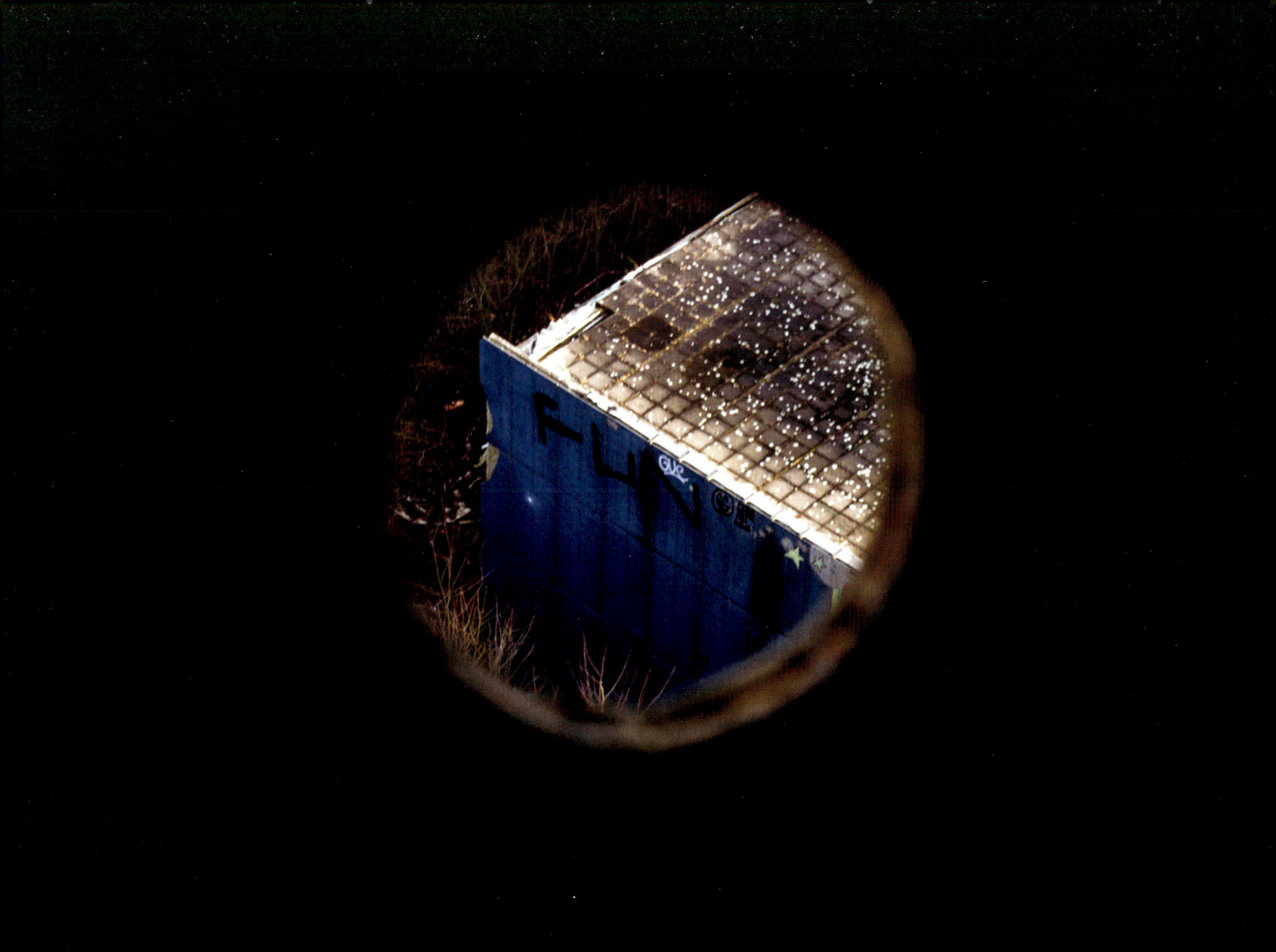

DIE INSULANER

Es war gar nicht auszuschließen, dass die Amerikaner den anwachsenden Teufelsberg zunächst wirklich zur Überwachung des Flugverkehrs nutzten. Schließlich hing das Überleben der West-Berliner Zivilbevölkerung und auch das ihrer alliierten Beschützer auch von der Versorgung aus der Luft ab. In Erinnerung an den Beginn des Kalten Krieges und der Berliner Blockade durch die Russen von Juni 1948 bis Mai 1949 war es weise, schützende Maßnahmen zu ergreifen. Während der Berliner Blockade war die Stadt von jeglicher Güterversorgung komplett von außen abgeriegelt. Alle Zufahrtswege nach Berlin wurden von den Sowjets blockiert. Der Plan der Russen war, die West-Berliner von den Alliierten zu isolieren und die Alliierten daran zu hindern, einen demokratischen Staat zu gründen.

Der einzige Weg, die Berliner und die Alliierten aus dem Notstand zu retten, war über den Luftweg. Eine internationale Luftbrücke wurde eingerichtet und in 11 Monaten wurden über 200.000 Einsätze geflogen mit täglich 4700 Tonnen an Gütern. Manche brachten Schokolade und Süßigkeiten für die Kinder. Deshalb wurden die Flieger auch Rosinenbomber genannt.

THE BERLIN ISLANDERS

There was no doubt about it that the US American occupiers were monitoring the air traffic of the enemy. The survival of the West-Berliners as well as their allies depended on supplies by air. Berlin as an isolated island surrounded by Soviets was too vulnerable to run the risk of possibly being starved out! With memories of the Berliner Blockade, initiated by the Russians from June 1948 to May 1949, still fresh, it was very wise to take protective measures. During the Berliner Blockade the city was cut off from all outside supply. All land routes into Berlin were blocked by the Soviets. This was part of a plan by the Russians to isolate West Berlin from the Allies and prevent the Allies from founding a democratic state.

In this state of emergency, the only way to save the Berliners and the Allies was to organise an airlift. International crews flew over 200,000 airdrops in 11 months, providing up to 4700 tons of necessities per day for the Berliners. Some carried chocolates and sweets for the children. That is why these carriers were also called 'Candy Bombers'.

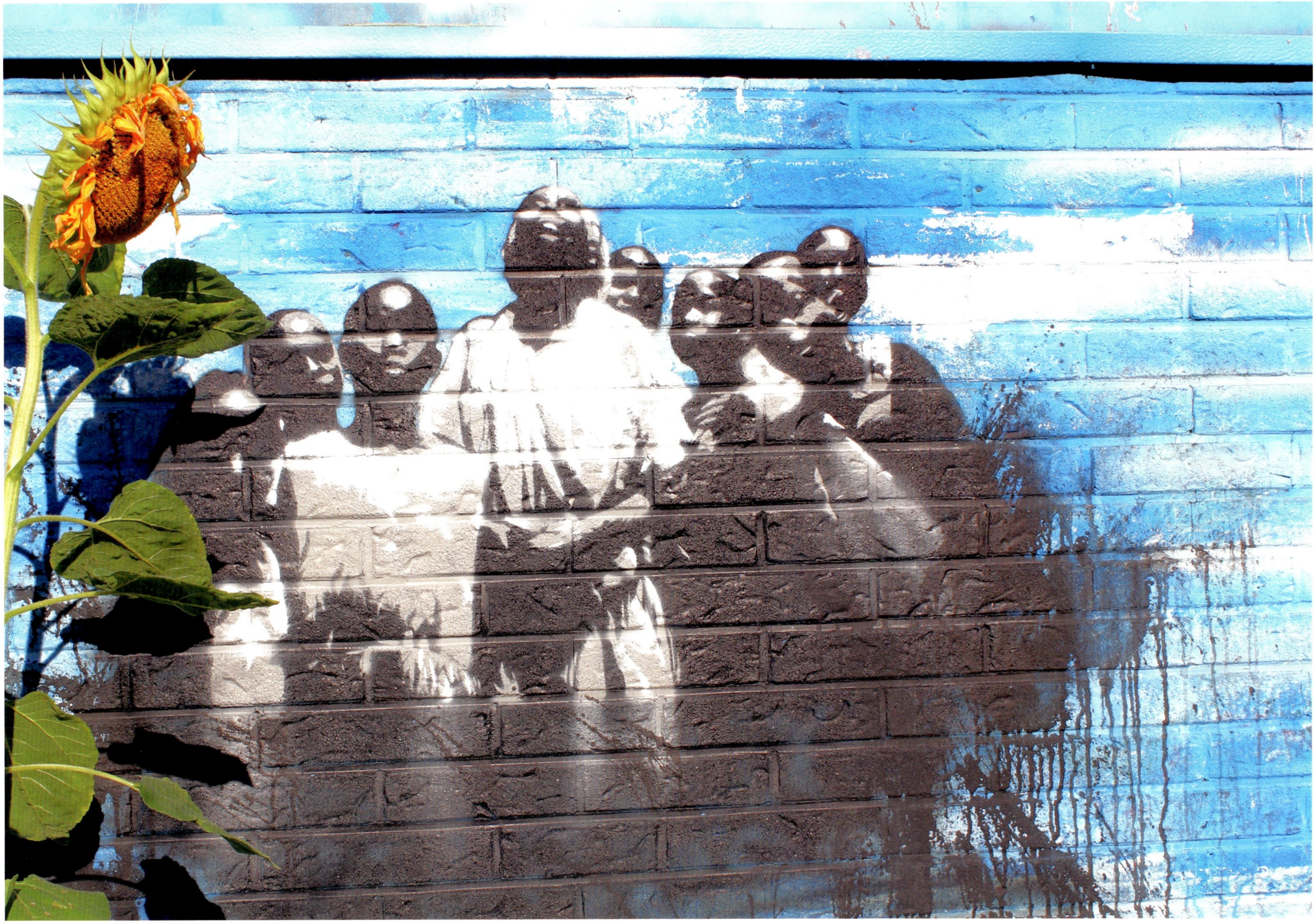

Die politischen Beziehungen zwischen den USA und der Sowjetunion vereisten in den 1950er Jahren zusehends.

Mit dem Koreakrieg, von 1950-1953, kam es zum ersten so genannten Stellvertreterkrieg, in welchem die beiden vorherrschenden Ideologien um ihren Rang in der Weltordnung umfangreiche Vernichtungen lostraten. Die Chinesen und Russen unterstützten den Koreanischen Norden, die Amerikaner den Süden. Ohne direkt gegeneinander kämpfen zu müssen, unterstützen sie Kommunismus und Kapitalismus an jeweils einer der beiden Seiten und ließen somit einen, faktisch bis heute andauernden Krieg über die Koreaner kommen. Dieser Konflikt kostete nicht nur in seinen Kriegsjahren Millionen Menschenleben, er trennt das Land und seine Bevölkerung, ebenfalls bis heute voneinander. Ein Schicksal, dass das geteilte Deutschland 45 Jahre selbst durchlebte.

In the 50's all political relations between the USA and the Soviet Union turned from cold to frozen.

The worldwide conflict-laden post-war years cemented the term 'Cold War' into everyone's consciousness. From 1950 to 1953 a so-called proxy war on Korea broke out in which the two predominating ideologies were fighting for their ranks in the world order and caused extensive destruction in the process. The Chinese and the Russians supported the northern part of Korea, the communist system and the Americans the south and the capitalistic system. Without the super powers fighting directly against each other in order to defend each of the two systems, it created a perpetual conflict and practically ongoing war among the Koreans until today. It divided the country and its population into North and South Korea, the same type of division experienced by the Germans.

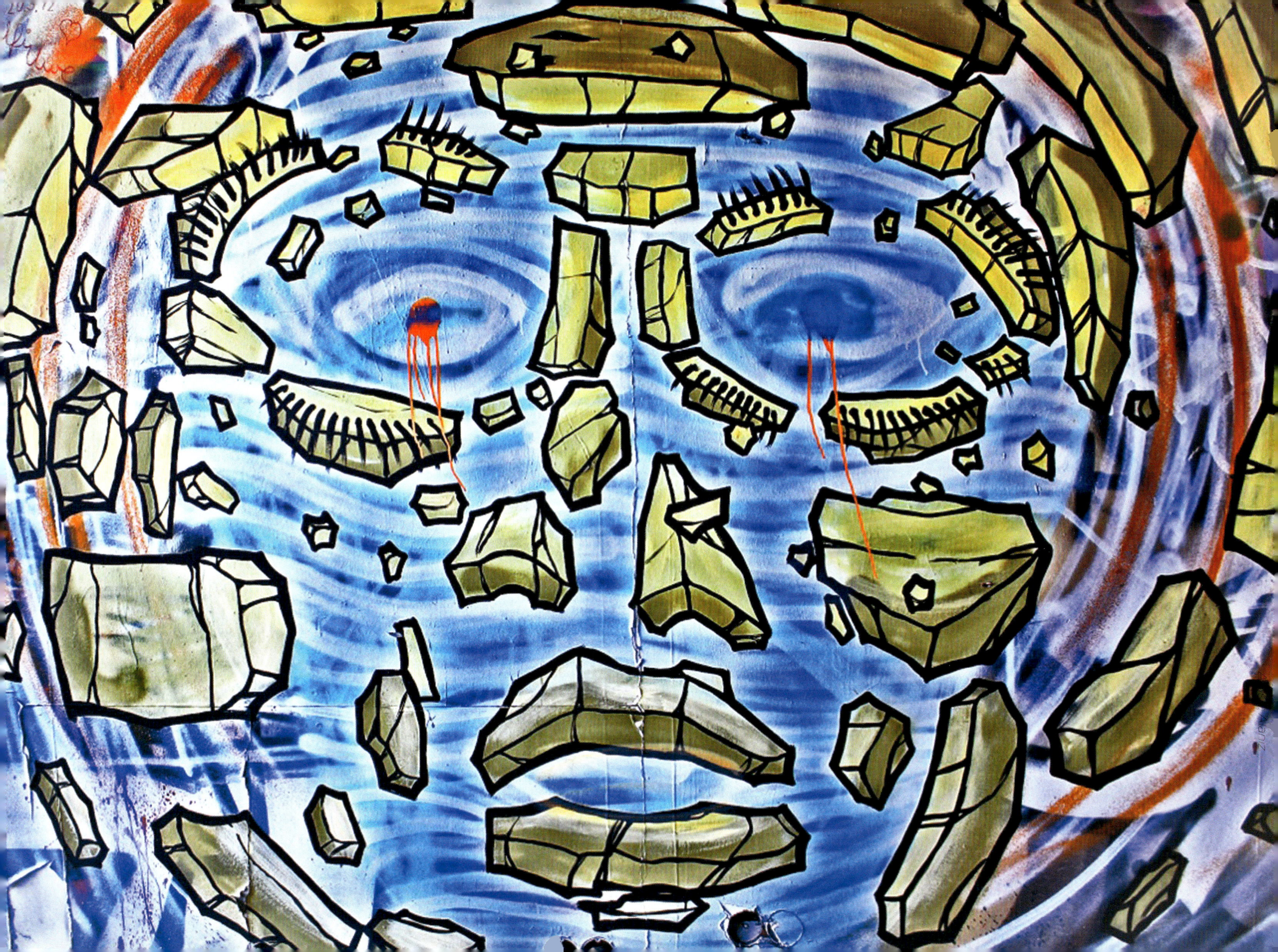

Der Kalte Krieg forderte seinen Tribut, weltweit. In den USA herrschte Anfang der 50er Jahre eine regelrechte Anti-Kommunismus-Hysterie, die durch die Hetzjagden des republikanischen Senators Joseph McCarthy stetig neu entfacht wurde. 1952 entzog man beispielweise Charlie Chaplin das Wiedereinreiserecht, während er auf einer Filmpremiere in England war. Chaplin stand auf McCarthys Liste, wegen „unamerikanischer Umtriebe" und dem Verdacht ein Kommunist zu sein. Dieses Schicksal blühte vielen, auch liberalen, auch homosexuellen, auch jüdischen Intellektuellen und Andersdenkende in den USA jener Zeit.

The Cold War took a global toll. Anti-communism hysteria dominated in the USA and was constantly fuelled by republican senator McCarthy. In 1952, for example, Charlie Chaplin was refused re-entry into the USA after attending a film premiere in London.
Chaplin was blacklisted for 'un-American intrigue' and under suspicion of being a communist. This fate befell many liberals as well as homosexuals, actors, Jewish intellectuals, and the 'different-minded' in the USA during that time.

Artist : Alaniz

Am 5.März 1953 wurde Stalin durch Nikita Chruschtschow ersetzt. Der ehemalige Kriegsheld galt vielen als gemäßigtere Alternative zum Hardliner Stalin. Und tatsächlich schaltete Chruschtschow, erstmals seit Ende des Zweiten Weltkriegs, einen Gang zurück und verfolgte gegenüber den Amerikanern und ihren Verbündeten eine Politik der „friedlichen Koexistenz". Dies nicht zuletzt aufgrund der atomaren Pattsituation. Beide hatten Atomwaffen und die Wasserstoffbombe, und alle erdenklichen Gedanken-Szenarien eines Atomkriegs zwischen den USA und der Sowjetunion führten zu weltweiter Verunsicherung

1962 Kuba-Krise. Die Sowjetunion hatte auf Kuba Atomraketen stationiert, da Kuba mit der Machtergreifung Fidel Castros eine kommunistische Linie eingeschlagen hatte und somit zum wertvollen Verbündeten wurde. Knapp 200 Kilometer von der Küste Floridas entfernt, stellte Kuba nun eine massive Bedrohung für die USA dar, über die sich nicht hinwegschauen ließ. Die Kuba-Krise brachte die Welt an den Rand des Nuklearkriegs. Sie war vermutlich die gefährlichste Krise des Kalten Krieges.

The Soviet Union seemed to turn down the heat in the wake of introducing Nikita Chruschtschow in March 1953 as Stalin's successor. Chruschtschow seemed to be a more moderate version of his forerunner, as for the first time after World War II Russia pursued in its politics a notion of 'peaceful coexistence' between the Americans and their allies and the East Block; which was ultimately due to the nuclear stale mate that had arisen. Both powers had nuclear weapons and the thermonuclear bomb or H-bomb. This inspired ideas about all kinds of scenarios of a nuclear war between the USA and the Soviet Union and stirred global uncertainty.

1962 Cuban Missile Crisis. After the take-over by Fidel Castro lead to the installation of a communist system in the country, the Soviet Union and Cuba became important allies. The Soviet Union positioned its nuclear rockets on Cuba only 200 kilometres away from the coast of Florida. This raised enormous concerns and became a massive menace for the USA that could not be ignored. The Cuban Missile Crisis almost expanded into a nuclear war. It was probably the most dangerous crisis of the Cold War.

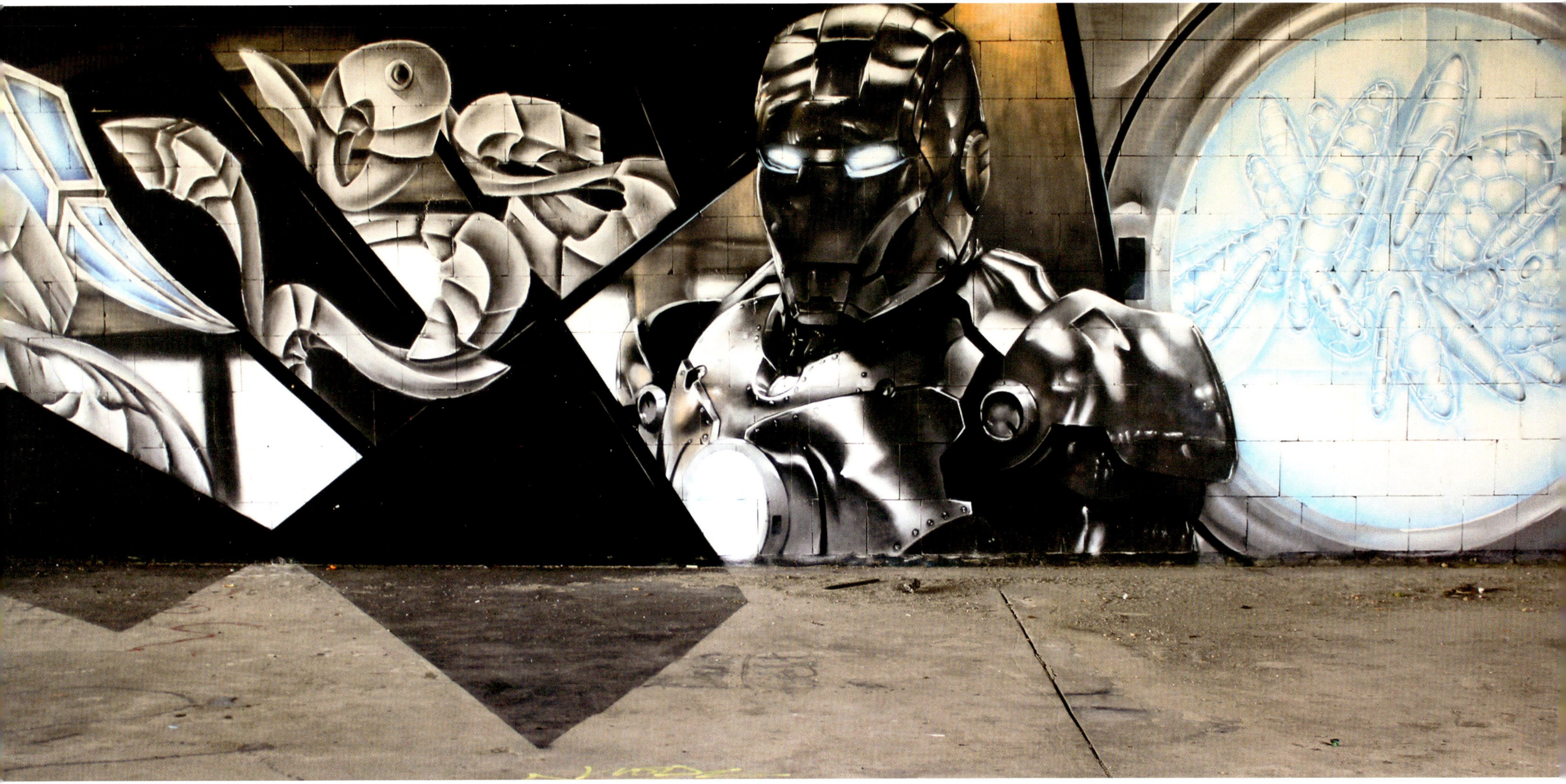

Duck and Cover, ein amerikanischer Propaganda-Kurzfilm von 1951 zeigt äußerst grotesk-naiv die angedachten Schutz- und Verhaltensmaßnahmen im Falle eines Atombombenunfalls. Naiv und verdummend insofern, da man sich zu diesem Zeitpunkt insbesondere durch den Atombombenabwurf über Hiroshima und Nagasaki vom 6. und 9. August 1945 sehr wohl über die katastrophalen Folgen bewusst war. Die Verharmlosung durch den Filmstreifen zeugte von der horrenden Manipulation durch die Medien als Meinungslenker, die gezielt Filtrate zur Schau stellen und somit die Massen beliebig beeinflussen.

Duck and Cover, a propaganda short film from 1951, doubles as a very naïve and grotesque documentary on the measures, rules of conduct, and possible options for shelter in case of a nuclear incident. Naïve and stupefying insofar as at this point the catastrophic dimensions of such a strike were already well-known, most notably due to the disaster after the atomic bombing of Hiroshima and Nagasaki on August 6 & 9 in 1945. The trivialisation taking place in the filmstrip is a testament to the horrendous manipulation via the media to control opinion by use of purposely filtered information to influence the masses as desired.

Einen deutschen Sektor gab es nicht und so gestalteten sich Forderungen nach Veränderungen in der Stadtentwicklung zunehmend schwierig. Die Alliierten, auf beiden Seiten des Eisernen Vorhangs, hatten ihre jeweils eigenen Pläne mit Berlin. So entwickelte sich die Stadt zum Schmelztiegel des Kalten Krieges. Nirgendwo waren der Weiße und der Rote Stern näher beieinander. Unter Geheimdienstlern beider Seiten gab es, vor allem in den späten 40er und 50er Jahren, eine stillschweigende Übereinkunft darüber, dass wenn es einen Dritten Weltkrieg geben würde, er vermutlich in Berlin seinen Anfang fände.

Diese Situation blieb den wenigsten Berlinern verborgen. Ihre Stadt ist übervoll mit Orten an denen der Kalte Krieg konkret wurde. Auf der Glienicker Brücke, die Berlin und Potsdam voneinander trennte, gab es zwischen 1962 und 1986 mehrere, zwischen den USA und der Sowjetunion ausgehandelte Agentenaustausche.

Der inzwischen berühmte Checkpoint Charlie, ein Grenzübergang im Herzen Berlins, wurde am 27. Oktober 1961 zum Schauplatz des ideologischen Kräftemessens, als sich Sowjetische und US-amerikanische Panzer 16 Stunden lang kampfbereit gegenüberstanden. Sie waren befehligt beim Grenzübertritt des jeweilig Anderen das Feuer zu eröffnen.

As a German sector did not exist, changes in urban development became cumbersome and complicated. The allies on both sides of the iron curtain had their own plans for Berlin. The city quickly turned into a melting pot for espionage. A tacit understanding existed among the secret agents: in case of a third World War, it would certainly break out in Berlin. Almost all Berliners were aware of this situation and the city was full of conspiratorial sites, like the Glienicker Brücke which separated Berlin and Potsdam. In the years of 1962 to 1986 the bridge became a famous meeting point for exchange deals for captured spies. In 1961, Checkpoint Charlie in the heart of Berlin became the site of an ideological show of strength, when on one occasion the Soviets and the Americans parked lines of tanks face to face, ready to strike, for 16h right across from each other. Both of them had been ordered to open fire should but one person from the other side cross the border.

55

In dieser Zeit war es risikoreich, Berliner zu sein. Hinzu kam das Gefühl der Isolation, war man doch schließlich zu allen Seiten eingeschlossen von der „sogenannten" DDR*. Es war schlichtweg nicht möglich mal eben „raus, aufs Land" zu fahren, die Stadt zu verlassen und durch die Wälder zu streifen ohne auf eine Mauer zu treffen – jedenfalls nicht, ohne eine anstrengende Autofahrt mit allen Schikanen durch die „Transit-Zone" nach Westdeutschland in Kauf zu nehmen. Kontrollen bei der Ein- und Ausreise, Tempolimit und verbotener Aufenthalt auf freier Strecke. Die Transitstrecke war dem Überwachungsstaat ein Dorn im Auge, da hier die Möglichkeit bestand, Republikflüchtige aufzunehmen, im Auto zu verstecken und in den Westen zu bringen.

During these times it was risky to be a Berliner. Isolated and closed off from all sides it was simply not possible to just leave the city behind and wander through a forest without running into a wall. To go to the countryside meant undertaking a long, tiring car drive across the East zone into West Germany, experiencing harassment at control points on both entry and exit points, with no right to stop on the way and being required to travel at a prescribed speed. Disobeying or deviating from these rules meant asking for serious trouble! The transit route from West Berlin to West Germany was a thorn in the eye of the Eastern surveillance system, as it provided the chance to quickly pick up GDR runaways, hide them in the car, and bring them to the Western side.

*Grundlagenvertrag ist der Vertrag über die Grundlagen der Beziehungen zwischen der Bundesrepublik Deutschland und der Deutschen Demokratischen Republik. Er wurde am 21. Dezember 1972 geschlossen. Anerkennung der DDR und der BRD als souveräne Staaten.

* *The Basic Treaty, or Grundlagenvertrag, signed on 21 December, 1972, is the shorthand name for the Treaty concerning the basis of relations between the Federal Republic of Germany and the German Democratic Republic. This was the first mutual recognition of the other as sovereign state.*

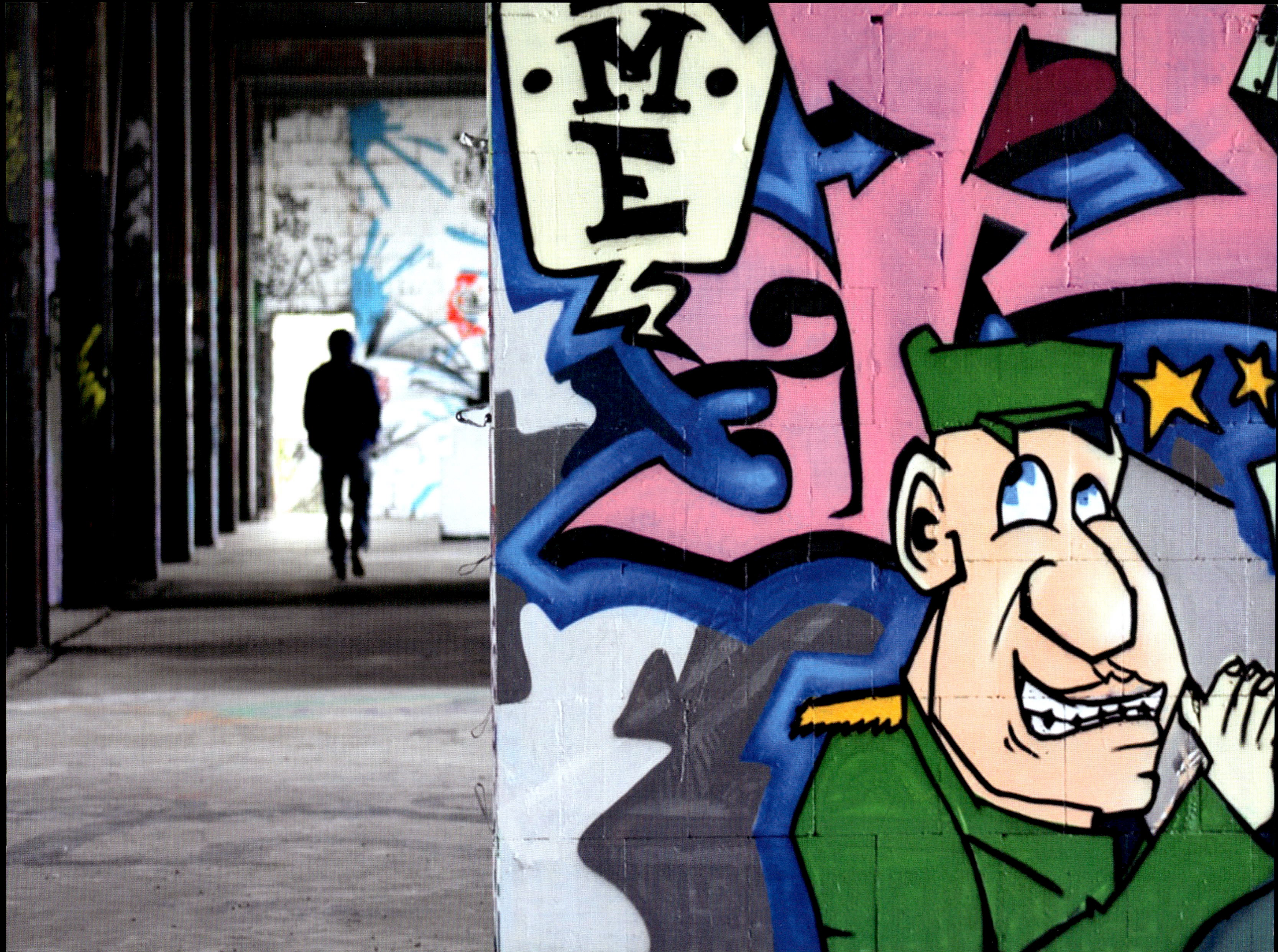
ME

MOUNT KLAMOTT*

Allerdings gaben die West-Berliner nicht nach, ihre Forderungen zur Freizeitgestaltung umzusetzen. Bereits ab Anfang der 50er Jahre wurde das Gelände um den Teufelssee im Sommer zum Baden und im Winter zum Skifahren genutzt. Das war für jeden Berliner Wintersport-Freund spannend, denn von Jahr zu Jahr veränderte sich die Gegend. Mitte der 60er erlebte dieses Schneeparadies seinen Höhepunkt. An besonders winterlichen Tagen tummelte sich die Bevölkerung am Ski-Hang so zahlreich, wie man es sonst nur von Alpin-Gebieten her kannte.

Nevertheless, the West-Berliners never gave up efforts to claim their right to recreational activities. During the 50's the area around the Teufelsberg and the lake provided an ideal and exciting all year round sports ground. Swimming in the summer and skiing, sledding, and ice-skating in the winter; the area became more developed with each passing year. In the mid-60's the 'snow paradise' experienced its peak. On particularly wintery days the area attracted a number of visitors and snow-enthusiasts only matched by alpine ski resorts!

*In beiden Teilen Berlins wurden die Trümmerberge jeweils
 Monte Klamott - Teufelsberg, im Westen
 Mont Klamott - Friedrichshain, im Osten genannt.

Um Gleichgewicht in dieser Bergbesetzung zu schaffen, investierte der Berliner Senat ab 1964 in den Ausbau der Freizeitangebote rund um den Gipfel. Wenig kam zustande, ein Schlepplift, der jedoch den Funkverkehr der Amerikaner störte, wurde wieder abmontiert. Es wurden Flutlichtmasten und sogar eine Sprungschanze errichtet, kostenlose Skikurse angeboten, Schneekanonen aufgebaut – einzig und allein, um der Berliner Bevölkerung den Kalten Krieg etwas zu erleichtern.

In order to keep this recreational mountain occupation in balance, in 1964 the Berlin Senate invested into the extension of the visitors area all around the summit, but it was not a smooth process. The new ski-lift had to be dismantled again as it disturbed the electronic transmission of the Americans. Still, free ski classes were offered; floodlights and snow cannons were erected – just to provide the Berliners some enjoyment in the daily life during the Cold War.

* In both parts of Berlin the mountains of rubble were called Mount Klamott Teufelsberg, in the WestMount Klamott Humboldthain, in the East

Die Berliner wussten sehr wohl, dass das Militär auf dem Hügel saß und sie konnten sich deren Aufgaben zusammenreimen. Jeder Berliner kannte das Knacken im Telefon und dass vermutlich die gesamte Stadt abgehört wurde, war stillschweigende Realität bzw. schien für die Bürger nachvollziehbar, da sich ja hier beide politischen und wirtschaftlichen Systeme Ost und West direkt gegenüberstanden. Naiv gesehen erschien es logisch, die Kontrolle über Gut und Böse zu haben. Die Menschen waren entsprechend eingeschüchtert, noch immer unter dem Schock des Mauerbaus, der ohne Rücksicht auf Verluste Familien übernacht auseinanderriss. Nun völlig verunsichert und verängstigt standen allgemein viele Deutsche dieser neuen Situation gegenüber.
Die typischen Geräusche, sowie andere Gespräche parallel in der Leitung wurden einerseits ängstlich wahrgenommen, andererseits etwas später auch mit Humor begleitet. „Feind hört mit! Nitschewo!"

**... frei geboren,
zur Unfreiheit erzogen mit dem Machtinstrument ANGST**

... permanent war der Apparat damit beschäftigt, angeblich vom imperialistischen Westen beeinflusste und gesteuerte Menschen aufzuspüren ... Subversive Elemente!

The Berliners were well aware of the activities on the hill and were able to piece together their own stories. All Berliners were familiar with the strange noises in their telephone lines and assumed that the conversations of the entire city were being listened in on. An accepted reality that the citizens seemed to justify as here both political and economic systems stood in a face to face confrontation. Capitalism vs. Communism! Viewed naïvely, this appeared logical in order to keep 'good' and 'bad' in balance. The people were still browbeaten by the shock of the newly erected wall, built without any respect for the losses they had to endure by their families being torn apart overnight and without warning. The typical clicking sounds or echoes of parallel conversations in the phone lines were scary in the beginning but later met with typical Berlin humour: 'The enemy is listening ! Nitschewo!' (Russian: never mind)

... born to be free, raised to live in bondage with the use of the powerful tool of FEAR

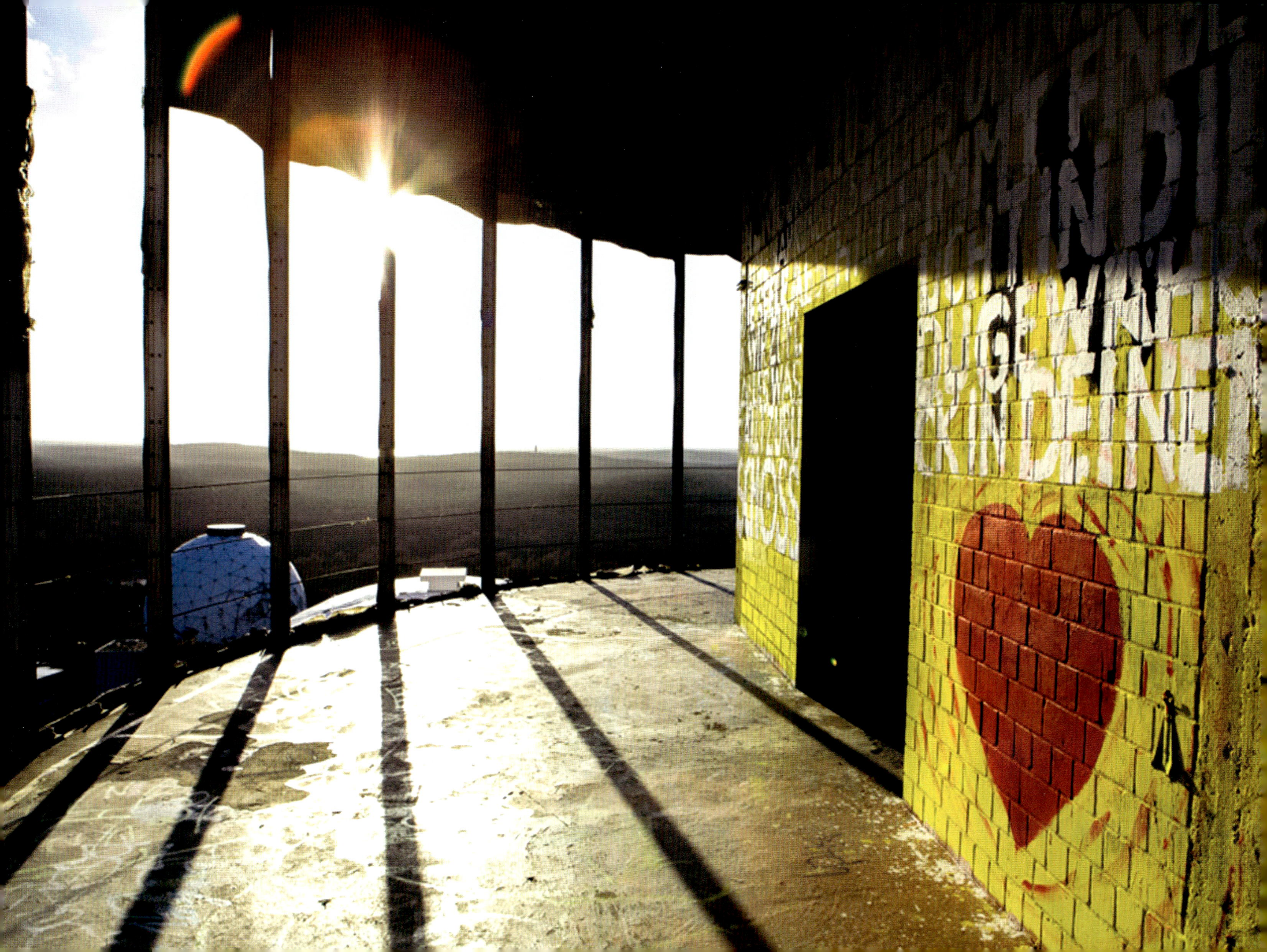

INSIDE ART IS OUT

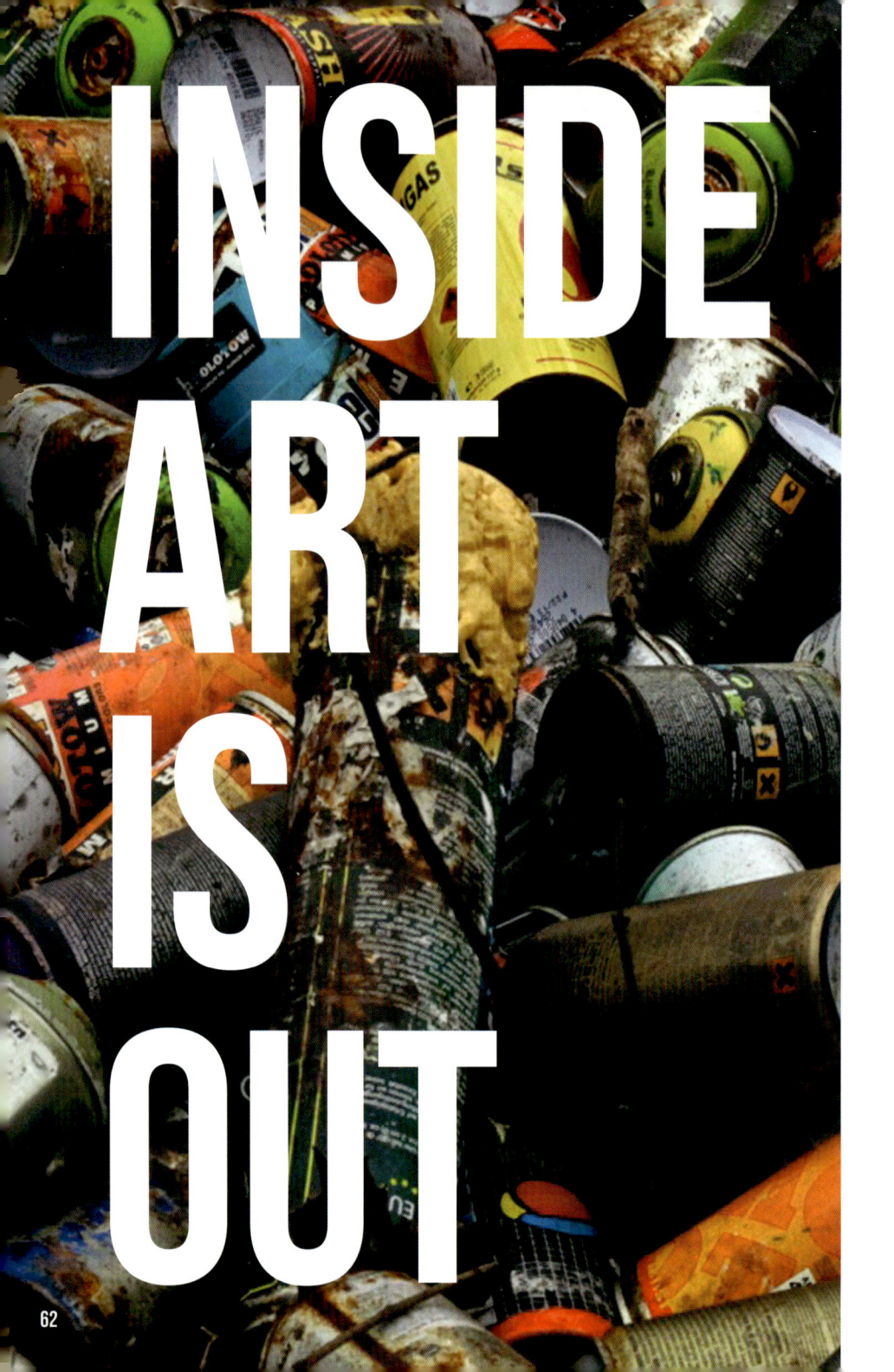

all colouRs aRe beautiful

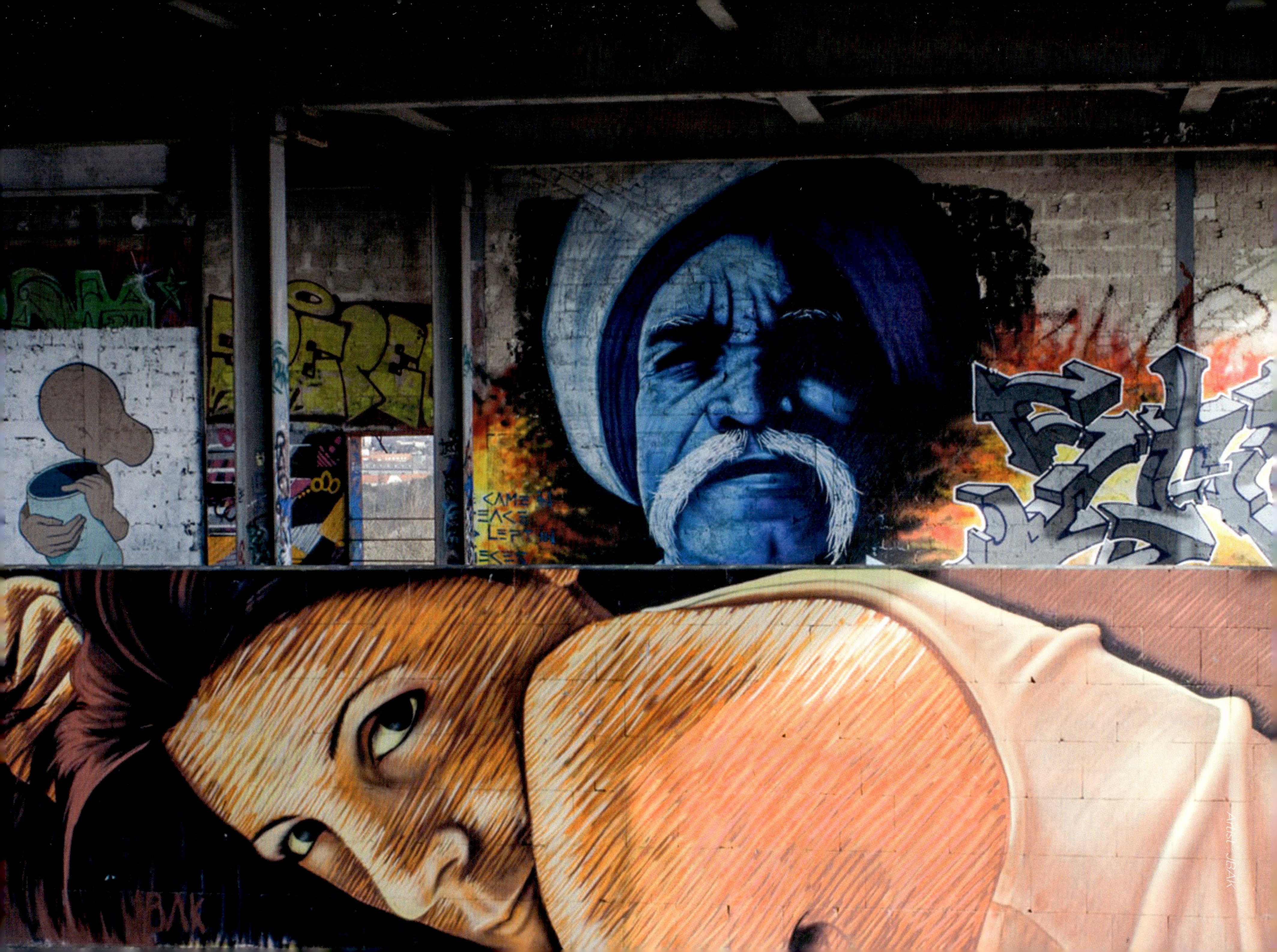

Artist: JBAK

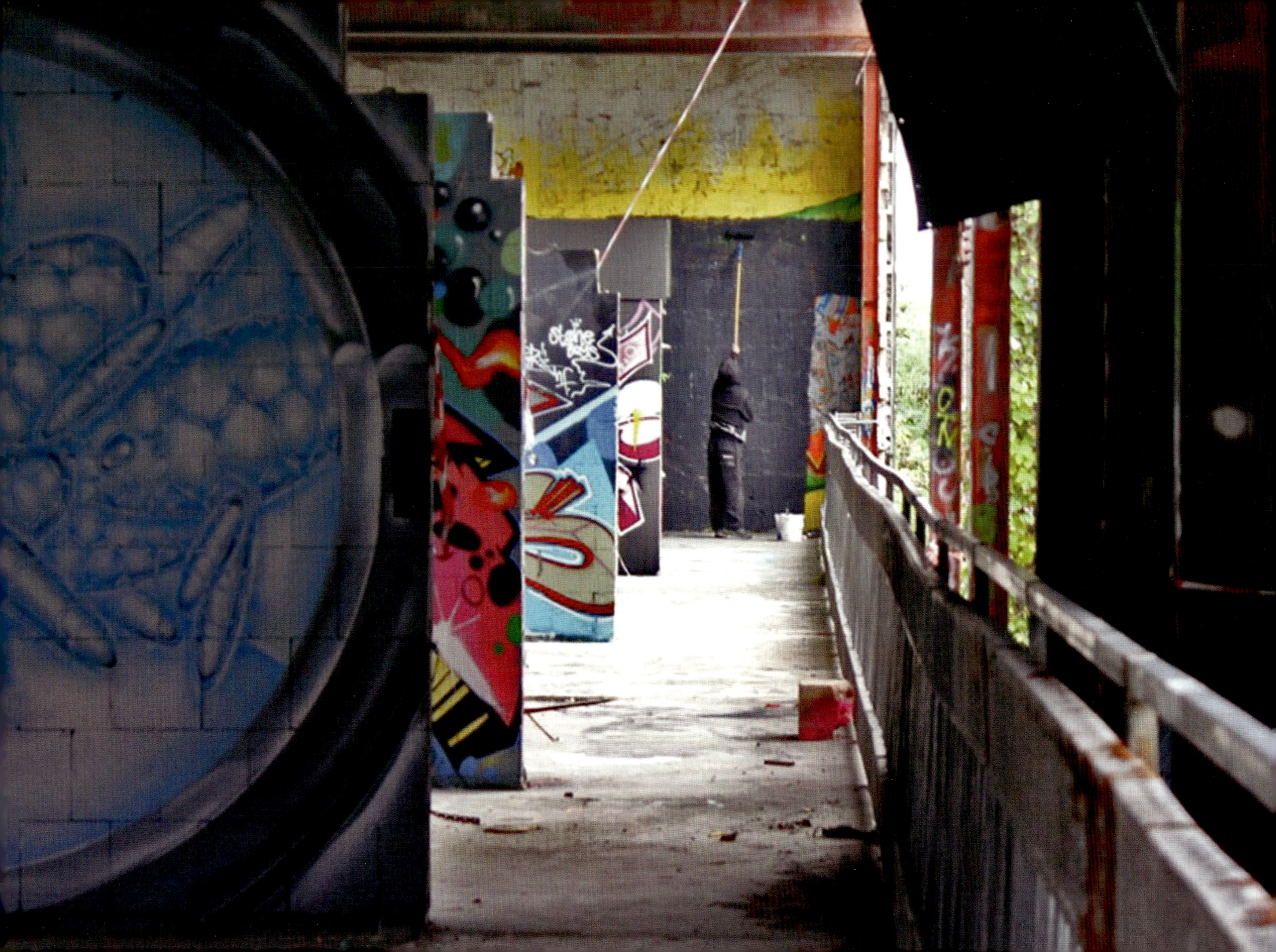

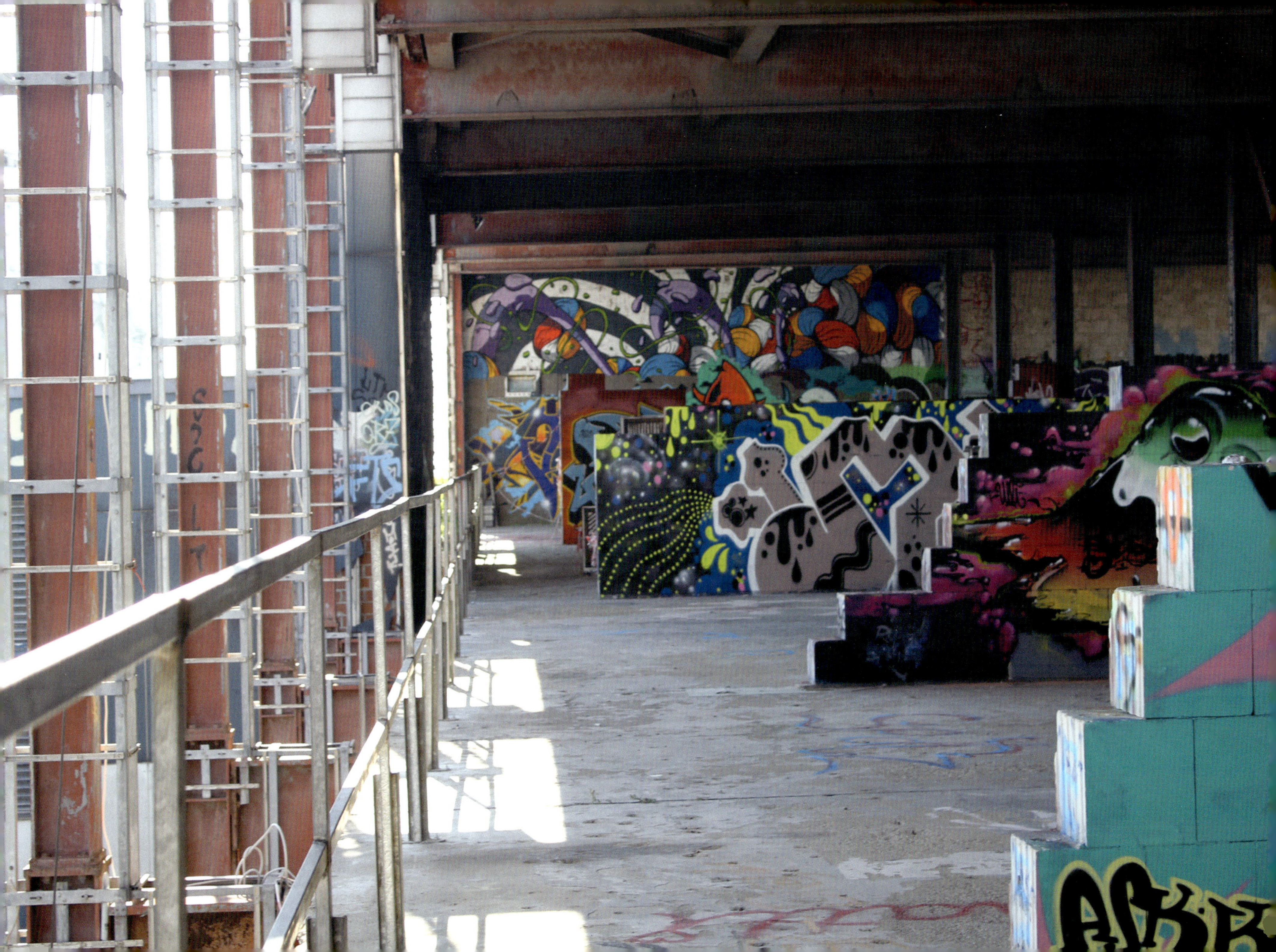

Artist: AWER

67

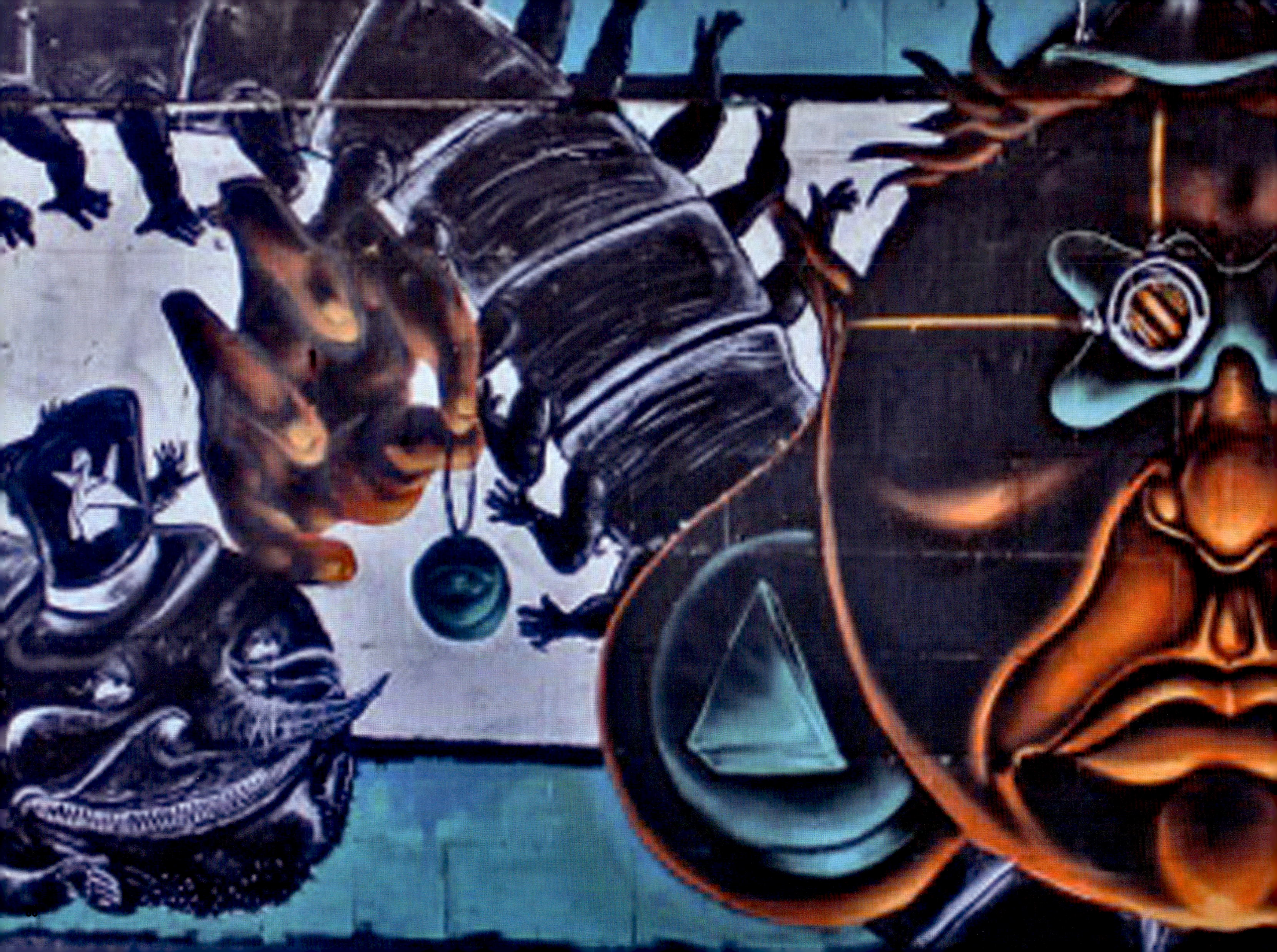

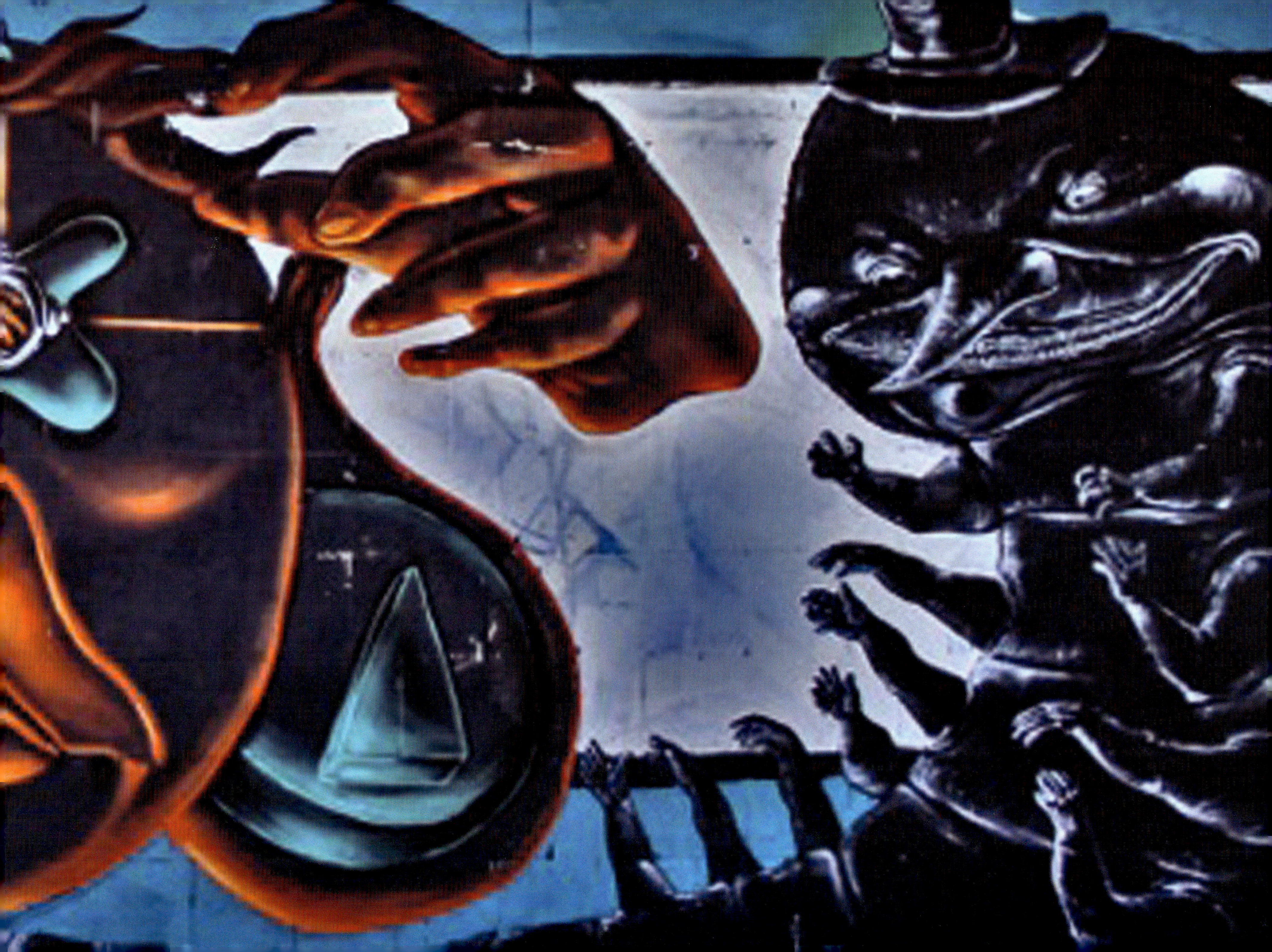

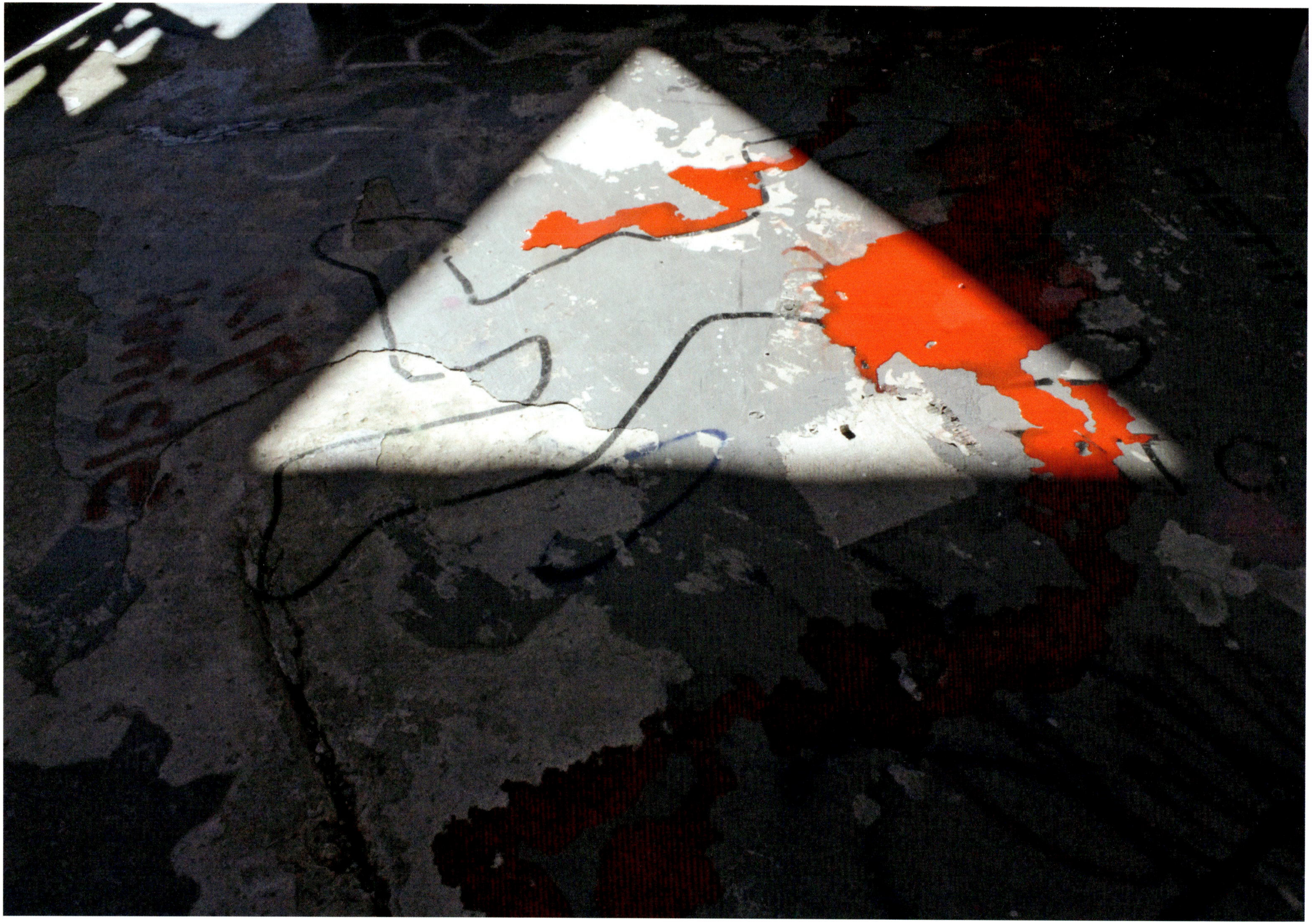

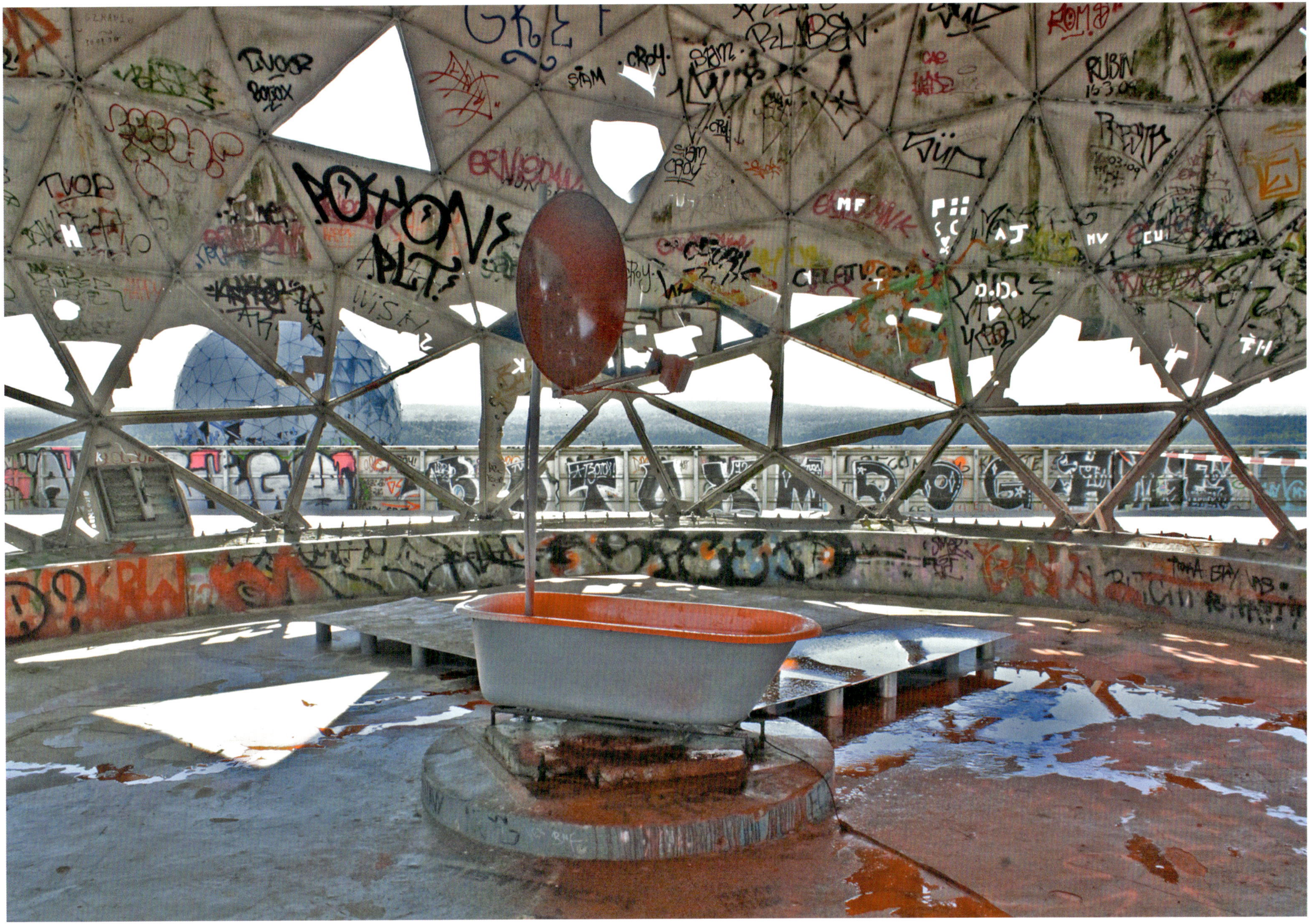

FUN
UKD29·MAI·MIC·KIM·DAVID·POTTIES·HEE·SUN
MR.GALLE·ADRIAN·YDCREW·STYROPORN·2013

73

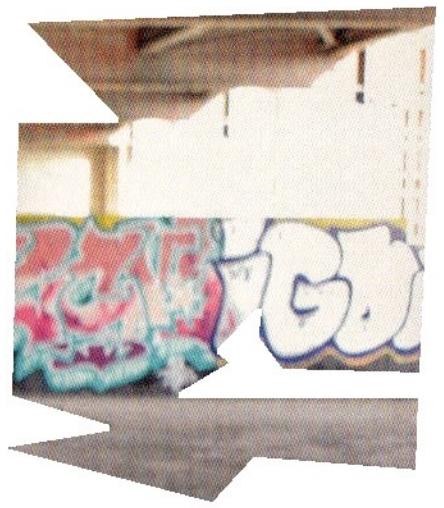

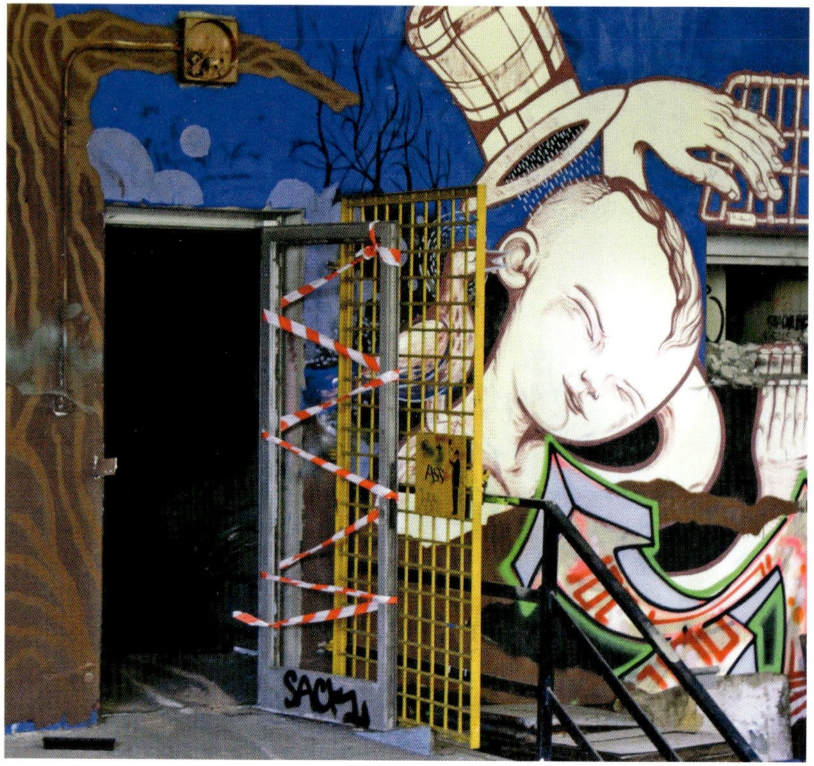

75

Artist u.a : Riot 1394, Ambush

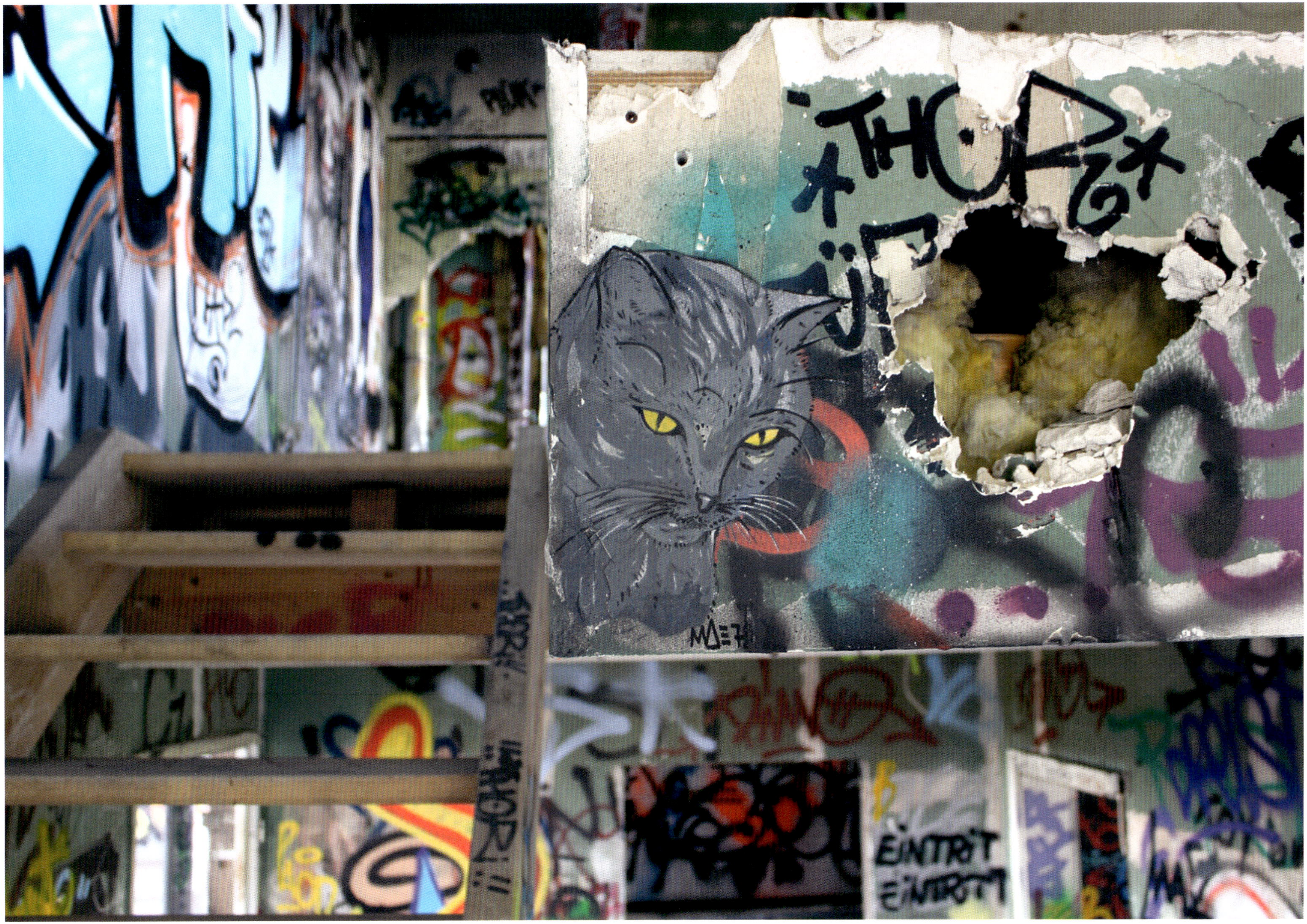
THOR
EINTRIT

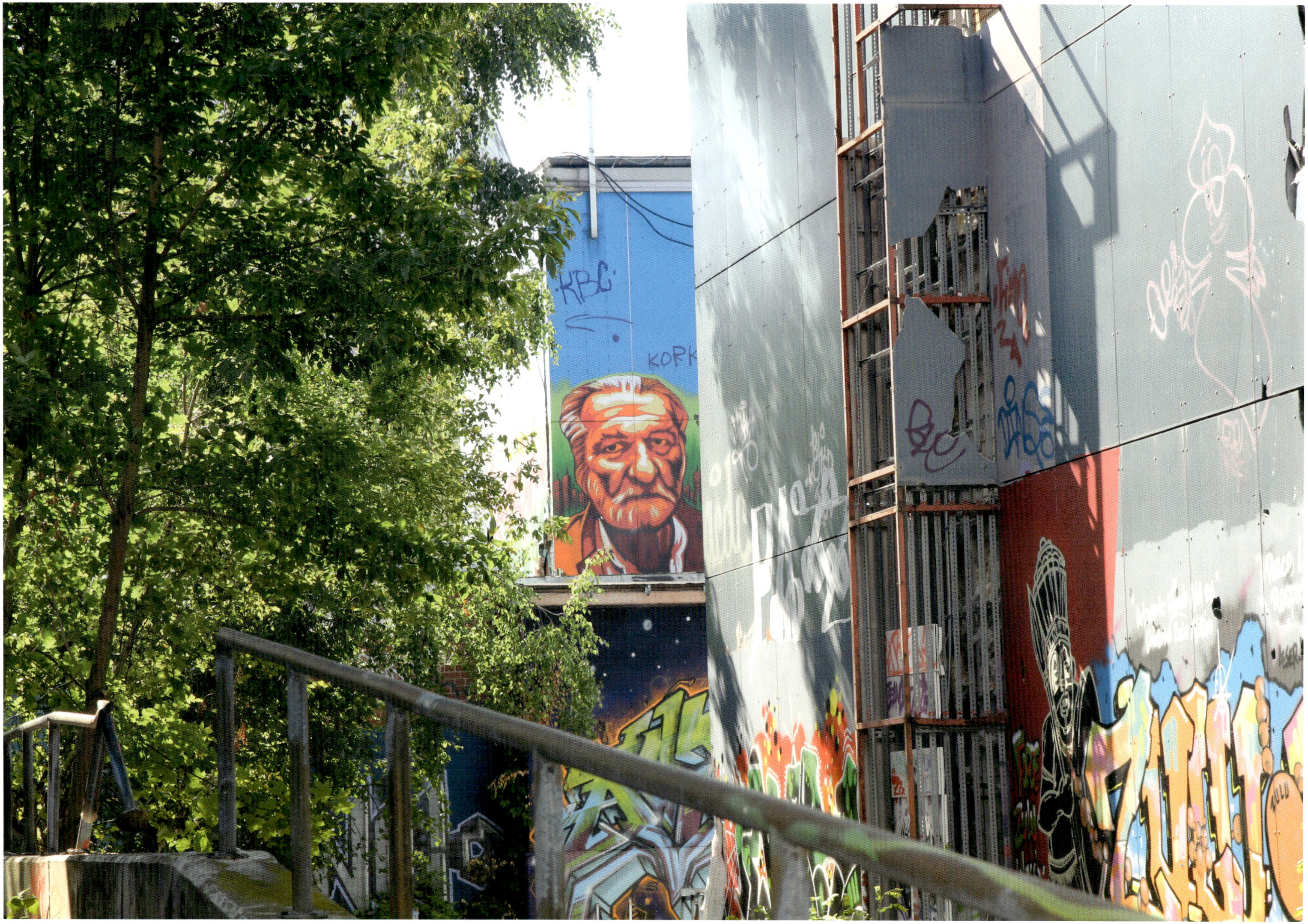
KBC
KORK

79

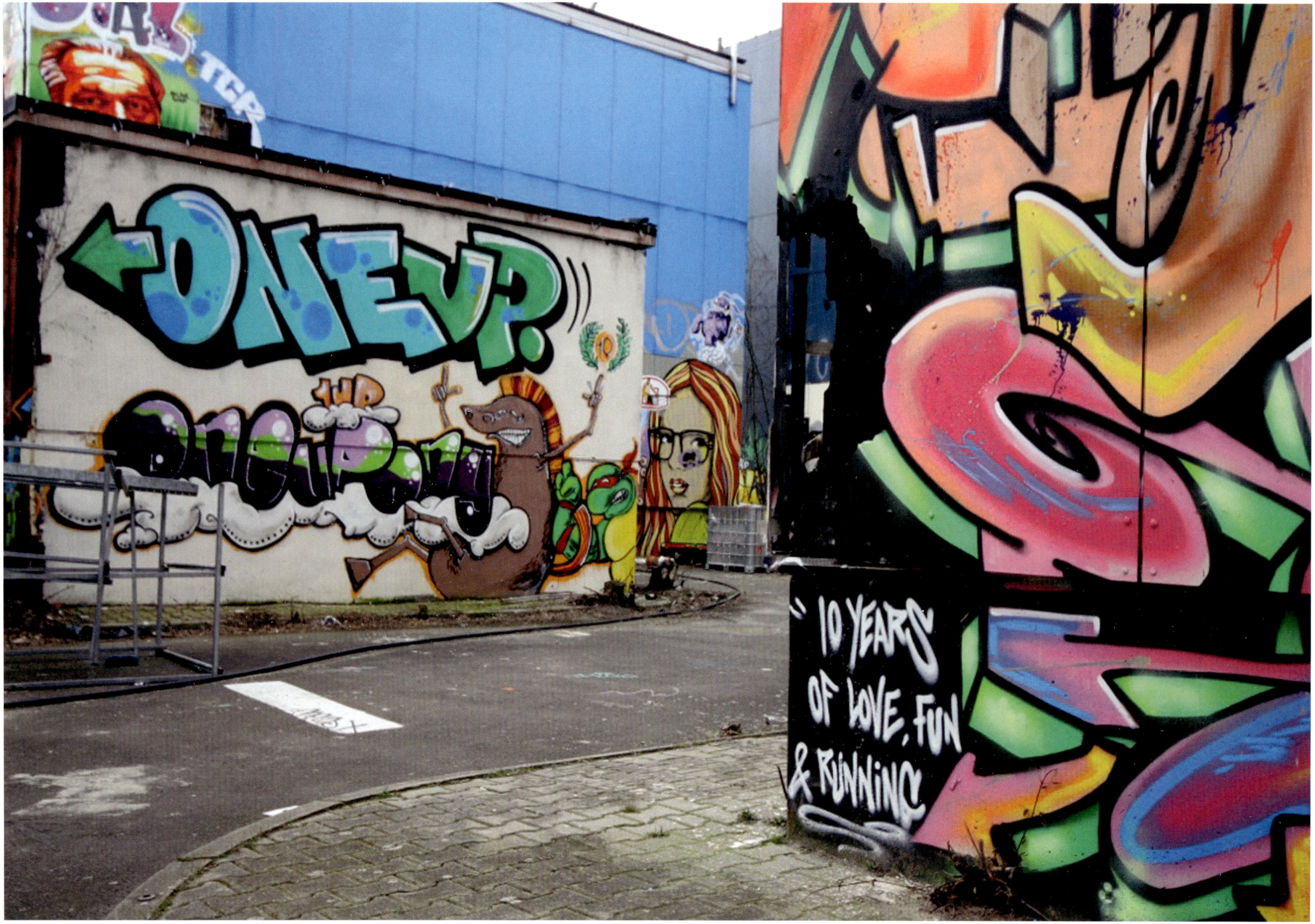

Artist u.a. 1UP, El Bocho

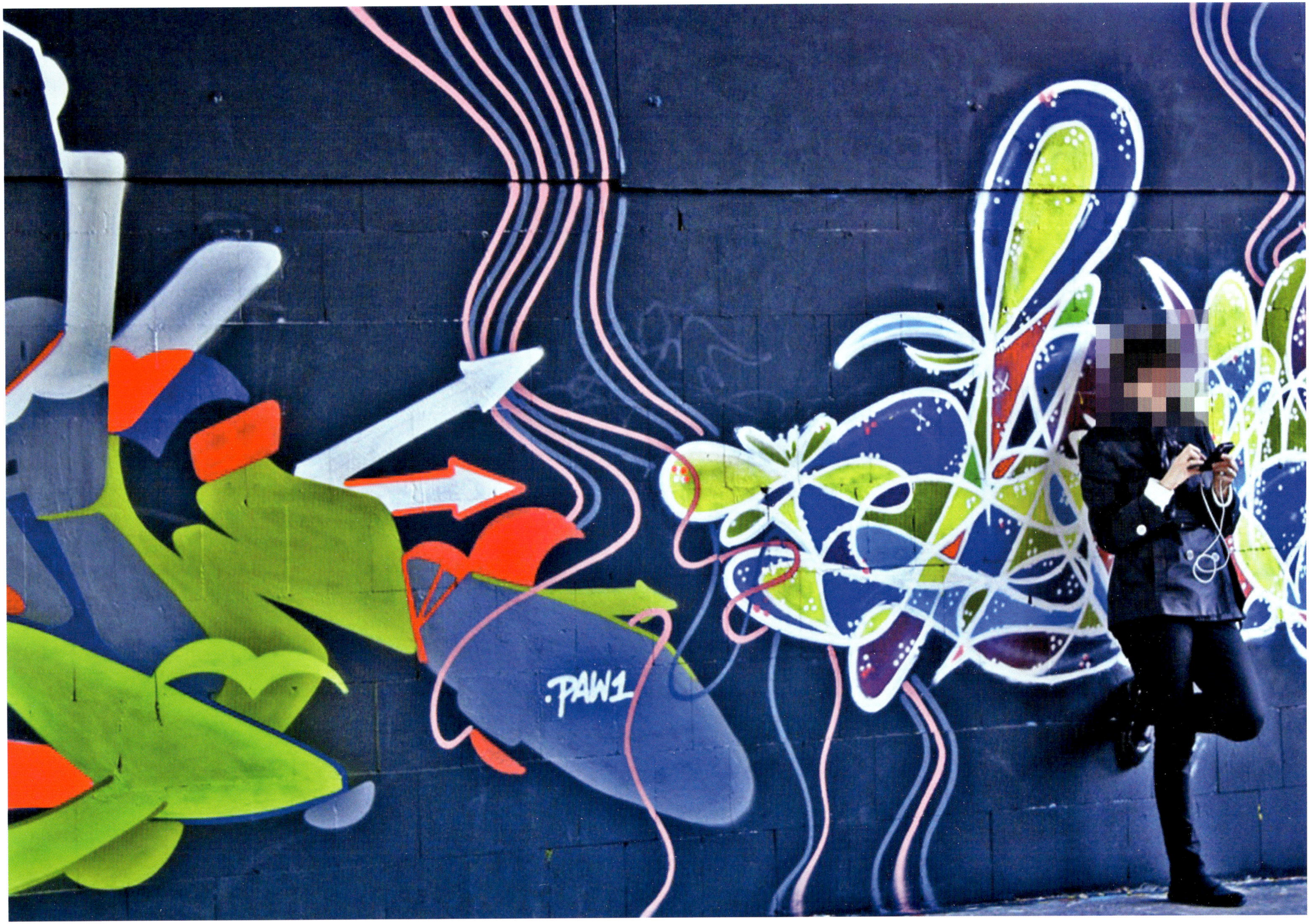
PAW1

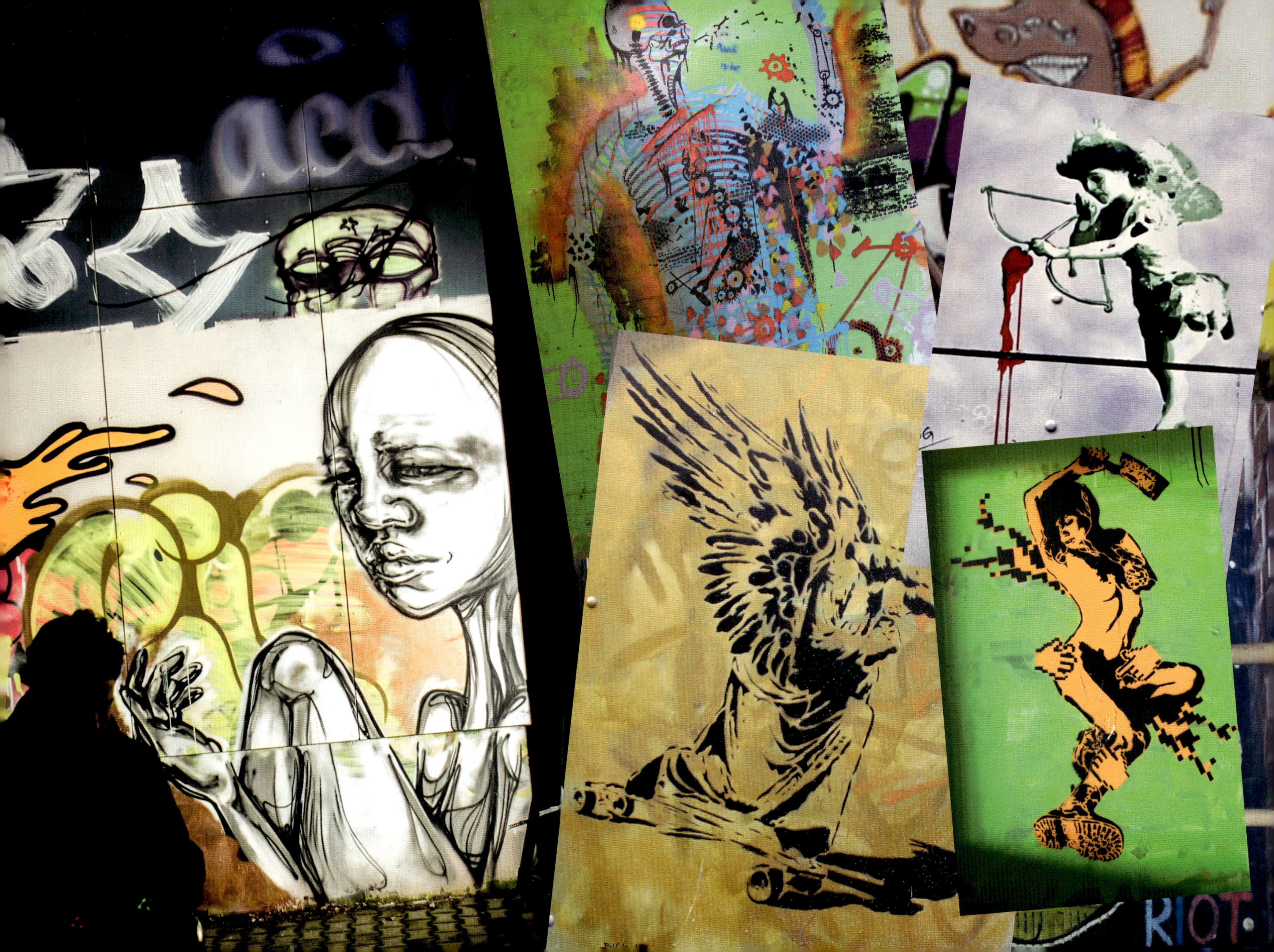
RIOT

Artist: Sam crew

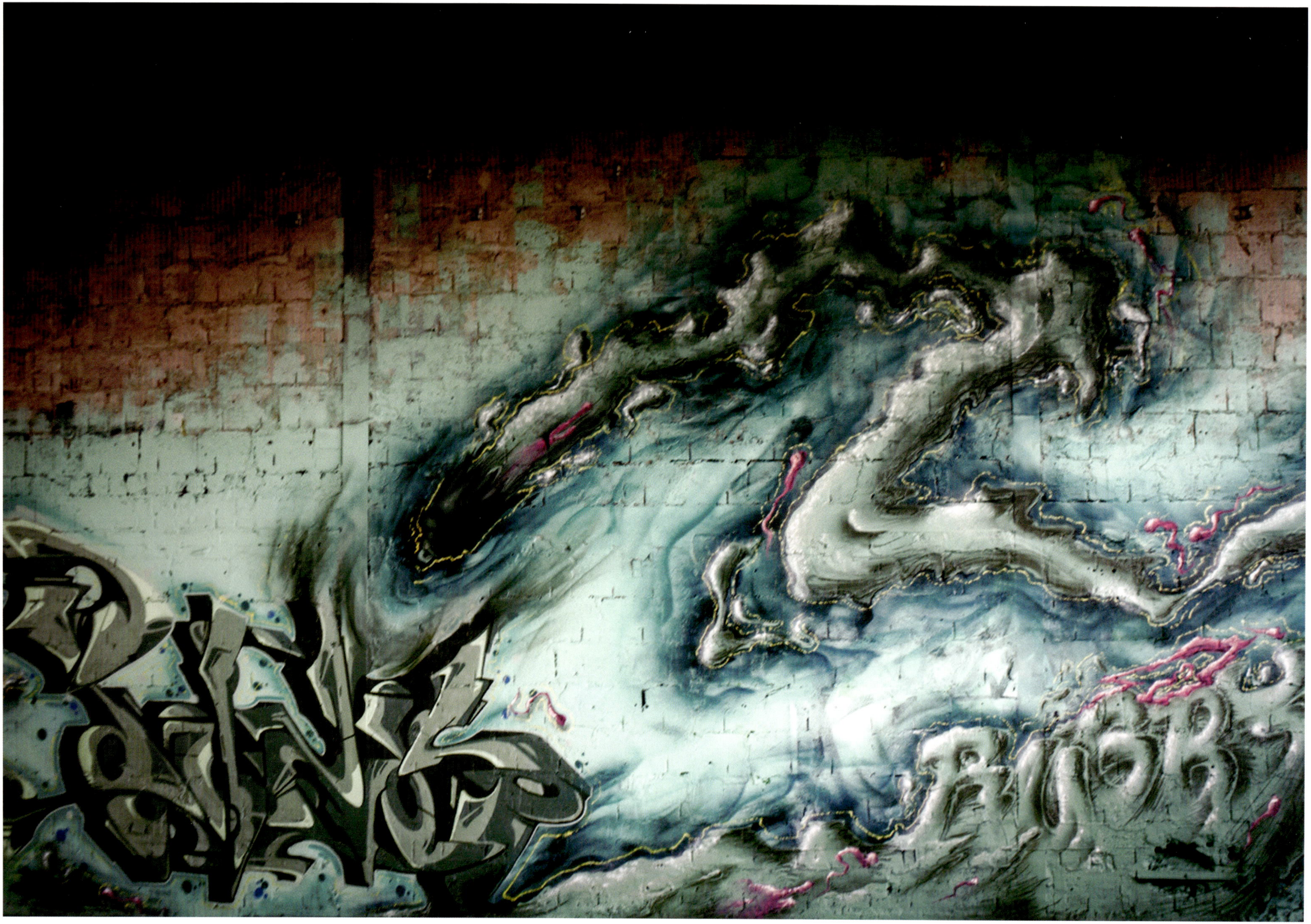

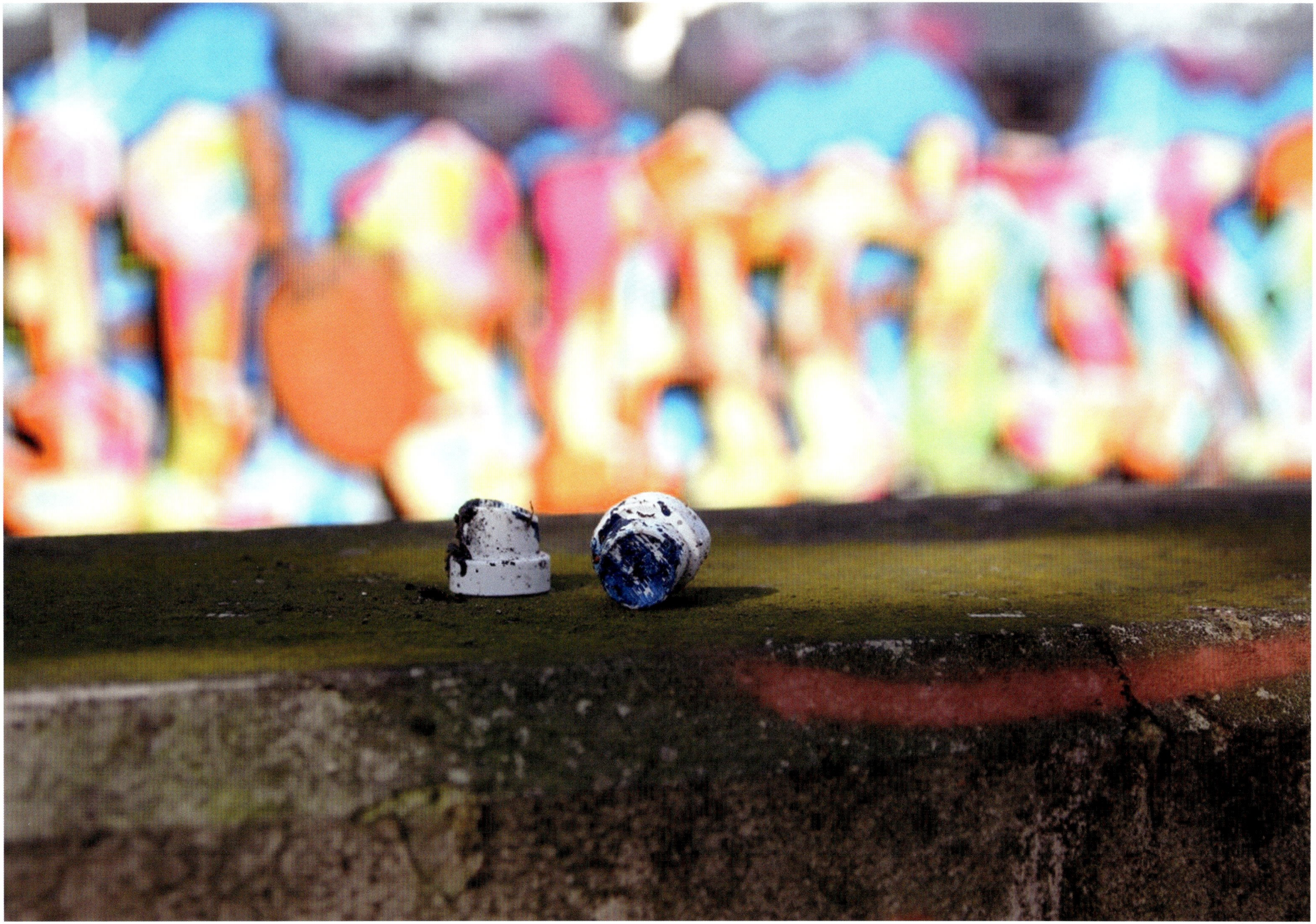

SPIONE AUF DEM TEUFELSBERG

Nach Errichtung der Mauer verringerte sich zwar die Welle der Republikflucht aber sie brach nicht ab. Die Menschen versuchten nun mit waghalsigsten Methoden und auf schwierigste Weise den Osten zu verlassen, viele schafften es, manche wurden erwischt und mussten jahrelange Gefängnisstrafen absitzen. Etwa 220 Maueropfer starben auf der Flucht, im Kugelhagel der Grenzposten zwischen Ost- und Westberlin und im Zonenrandgebiet.

SPIES ON THE TEUFELSBERG

After the wall was built, attempts to escape from the East shrank in numbers but could not be stopped completely, even though often enough they ended in death. Under extremely difficult circumstances and by choosing very risky methods, people still fled the East. Some were successful; some were caught and imprisoned for many years. About 220 victims lost their lives from the deadly bullets of the border patrol during their attempted escape.

Artist ua Wesr

SPION GEGEN SPION

Die Spionage der Geheimdienste blühte, es wimmelte geradezu von Agenten, Maulwürfen und Mittelsmännern, sodass sich automatisch ein Netzwerk bildete, in dem Helfershelfer stets willkommen waren. Es war recht einfach, z. B. in konspirativen Restaurants den richtigen Ansprechpartner zu finden, um seine Dienste als ‚Agent' zur Verfügung zu stellen. Zum einen, um sich ein nettes Taschengeld dazuzuverdienen, wie im Fall Yildirim. Andere wiederum nahmen Kontakt zur Stasi und dem russischen Geheimdienst aus Verzweiflung auf, um den wegen Republikflucht verhafteten Familienmitgliedern zu einer frühzeitigen Entlassung aus den Gefängnissen zu verhelfen. Dazu mussten nur kleine Tätigkeiten verrichtet werden. Etwa ein paar Stapel Briefe und Päckchen hin- und hergeschmuggelt oder Fotos von Westberliner Objekten geliefert werden, Tätigkeiten, die irgendwie keinen direkten Zusammenhang erkennen ließen und auch nicht auf den Zweck und Nutzen schließen ließen. Die Grenzpolizei wurde in Kenntnis gesetzt und ließ entsprechend passieren.

SPY VS. SPY

The spying activities of the secret services flourished. Agents, moles, middlemen, and informers formed an extensive network and recruited suitable 'helper's helpers' wherever convenient. It was rather easy to find the right contact person to offer one's services as an 'agent', for example by paying a visit to one of the East Berlin restaurants that served as agency meeting points. Becoming a collaborator had only two motives. One was money to fill one's pockets with, as in the case of Hüseyin Yildirim. On the other side, people contacted the Stasi or Russian secret service out of despair with the intention to help imprisoned family members get out of prison quickly. This required only small services, such as carrying letters, documents, and parcels across the border or delivering detailed photos of buildings in West Berlin; activities that could not obviously be tied to any particular context or effort. The border police at the checkpoints were informed about collaborators and instructed to let them pass.

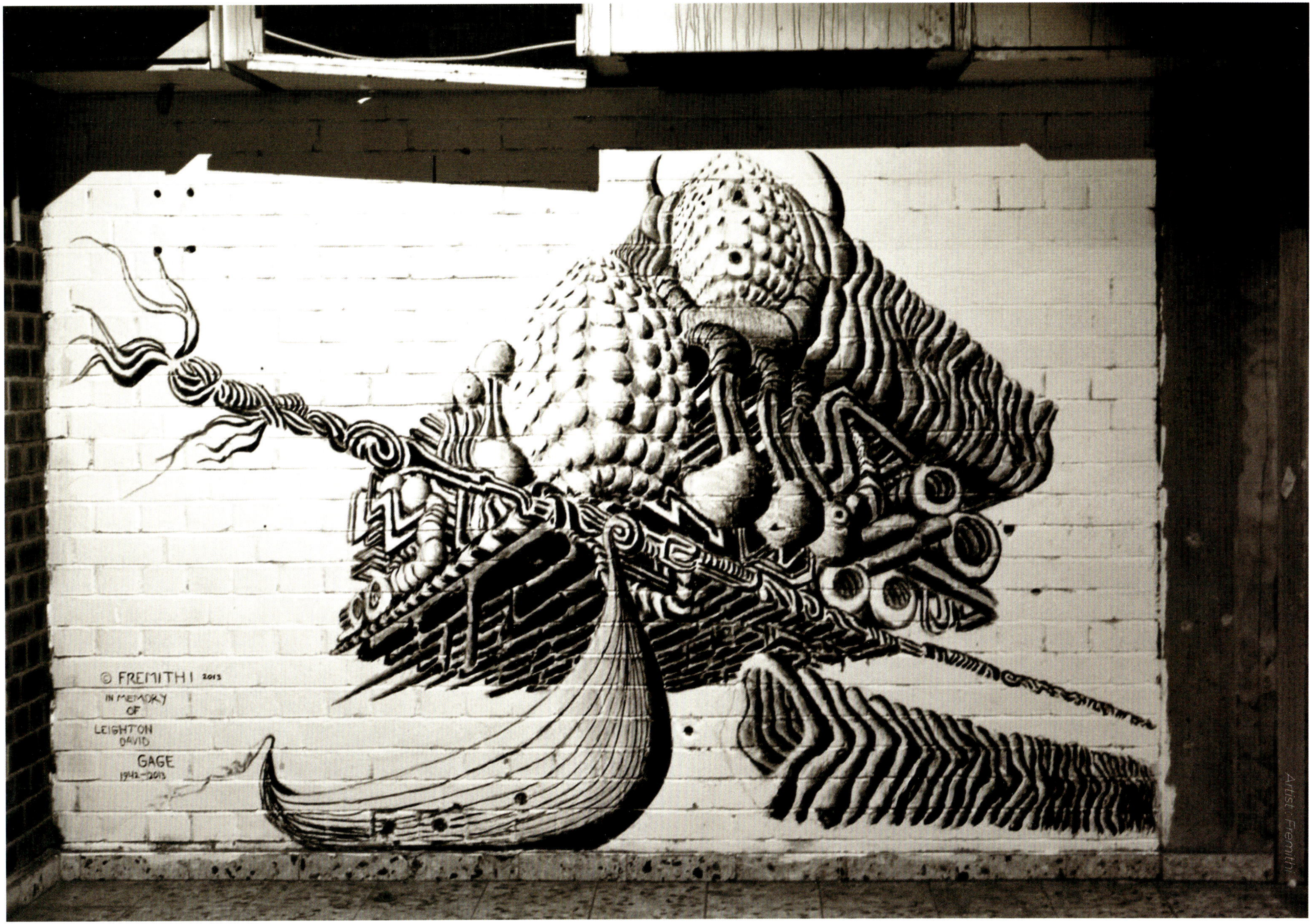

Artist: Fremithi

„BLITZ" UND „PAUL"

Wie heiß begehrt allerdings die Informationen waren, die auf dem Teufelsberg gesammelt wurden, zeigt das Beispiel von Hüseyin Yildirim, ein Türke, der 1974 nach Westberlin gekommen war, offenbar auf der Suche nach einem besseren Leben. Seine Tätigkeit als Kfz-Mechaniker in den „Andrew Barracks" in Lichterfelde, brachte ihm den Respekt der Amerikaner und den Spitznamen „The Meister" ein. Nebenbei handelte Yildirim, sozusagen auf den Straßen Berlins, mit Diamanten, Versicherungen und vielem mehr. Er wollte Geld machen, an ideologischen Konflikten hatte er kein Interesse, es spielte ganz einfach keine Rolle, ob er von einem Kapitalisten oder einem Kommunisten bezahlt wurde. So kam Yildirim 1979 auf die Idee, nach Ost-Berlin zu fahren und der Stasi ein Geschäft vorzuschlagen: Informationen gegen Bargeld. Der ostdeutsche Geheimdienst zeigte sich zunächst wenig beeindruckt, da es sich bei Yildirim ganz offensichtlich nicht um einen sozialistischen Überzeugungstäter handelte. Doch nachdem man ihn überprüft hatte, stellte man fest, dass dieser durchaus ein aussichtsreicher Mitarbeiter wäre, hatte er doch schließlich Zugang und Kontakte, vor allem zu US-amerikanischem Militär und dessen Informationskanälen. Die Stasi willigte ein, gab ihm den Decknamen „Blitz" und setzte den neugewonnenen Angestellten prompt auf den Gipfel des Teufelsbergs an. Was geschah dort oben? Mit welchem Aufwand? Mit welcher Technik? Mit welchem Interesse? Und was wussten sie ...

‚BLITZ' AND ‚PAUL'

Pieces of information from West Berlin were in high demand, especially ones regarding the Teufelsberg, as the example of Hüseyin Yildirim shows, a Turkish man who came to West Berlin in 1974, clearly in search of a better life. As a car mechanic at the Andrew Barracks in Lichterfelde, he quickly gained a good reputation among the Americans and had earned the nick name 'the Master'. Besides his job as a car mechanic he conducted questionable street-business, trading diamonds, insurance policies, and other things. He wanted to make money and he was not concerned with who this money came from, the communists or the capitalists. Ideology was of no importance to him. In 1979, Yildrim got the idea to travel to East Berlin to offer his services and collaborate with the Stasi – information in exchange for cash. At first, the East German secret service did not show much interest in Yildirim, as he was obviously not socialistically committed. But after close examination of his profile, it turned out that he just might be the ideal candidate, having free access to information channels and contacts, especially to the US military. The Stasi finally agreed and gave him the code name 'Blitz', which means 'Flash', and he was ordered to find out about the activities on the summit of the Teufelsberg. What happened up there? How did they operate and to what extent? What technical equipment was being used? What were they interested in? And what did they know ...

Yildirim war klar, dass er all dies nicht allein herausfinden konnte, zumal er auf dem Gelände der Field Station, oben auf dem Gipfel, wie jeder andere Zivilist nichts zu suchen hatte. So hielt er Ausschau nach jemandem, der ihm Informationen von dort beschaffen konnte und wurde eines Tages in Person von Unteroffizier James W. Hall fündig. Dieser, beständig pleite, hatte gerade eine Deutsche geheiratet, ein Kind war unterwegs. Yildirim behauptete wohl, er würde die entsprechenden Dokumente für den türkischen Geheimdienst sammeln, der auch gut dafür bezahlen würde. So erklärte sich Hall dazu bereit, Material vom Teufelsberg zu beschaffen. Ob er sich anders entschieden hätte, wenn von Anfang an klar gewesen wäre, dass der Auftraggeber die Stasi war, bleibt spekulativ. Beide, Yildirim und Hall starteten ihr profitables Unternehmen und lieferten fortan regelmäßig west-alliierte Geheimdokumente in Ostberlin ab. Sie verdienten nicht schlecht, 1986 wurde Hall nach Frankfurt am Main versetzt, hatte weiterhin Zugang zu brisantem Material und wurde letztendlich auch, nach persönlicher Einladung, von der Stasi verpflichtet. Spätestens ab diesem Zeitpunkt wussten beide Mitglieder des Spionage-Duos „Blitz" und „Paul" von der Tragweite ihrer Handlungen.

Yildirim knew that he would need assistance, as the Field Station was restricted to US military only. So, Yildirim started looking for someone who would be able to supply him with the necessary information and one day it so happened that he met Sergeant James W. Hall, a young man who had just recently married a German woman, had a baby on the way, and was always in need of money. Yildirim told him that all information would be sent to the Turkish secret service, which would pay very well. Hall agreed to the deal and to supply material about the Teufelsberg. It remains speculation whether he would have agreed to the deal if he had known he was working for the East Germans. Both Yildirim and Hall entered into this lucrative business and from then on regularly supplied secret documents of the Western Allies to East Berlin. Although Hall was transferred to Frankfurt Main, he still had access to highly sensitive material and was eventually invited personally to the Stasi headquarters and pressured into direct obligation. No later than now did the spy-duo 'Blitz' and 'Paul' became aware of the full extent of the consequences of their actions.

Zwei Jahre später quittierte Hüseyin Yildirim seinen Dienst bei der Stasi, er wollte in die USA umsiedeln und dort in Ruhe leben. Die Stasi ließ ihn gewähren, man hatte ohnehin kein großes Interesse mehr an seinen Diensten. Auch James W. Hall wurde zurück in sein Land beordert, ihn jedoch wollte der ostdeutsche Geheimdienst nicht einfach ziehen lassen. Man suchte fortan nach einem neuen Kontaktmann für „Paul". Die Wahl fiel auf Manfred S., Deckname „Hagen", Englisch-Dozent an der Humboldt-Universität in Ost-Berlin. Er sollte den Transport, der durch Hall organisierten Dokumente, von den USA in die DDR, arrangieren. Um ihn auf diese Tätigkeit vorzubereiten wurde „Hagen" zunächst nach Westberlin geschleust, um sich „an den Westen zu gewöhnen". Dort angekommen lief dieser jedoch bei der ersten Gelegenheit zur CIA über und verkaufte sein Wissen über die Spione auf dem Teufelsberg und die sonstigen Tätigkeiten des Duos gegen die Befreiung seiner Familie aus Ostberlin und eine Million Dollar.

Two years later, Yildirim quit his job for the Stasi, he planned to move to the USA to live a quiet life. The Stasi let him go as they had lost interest in him. While James Hall had also received orders to return home, him the East German secret service did not want to let go so easily. A search began for an adequate substitute for 'Paul' and Manfred S., was found, alias 'Hagen', an English teacher at the East Berlin Humboldt University. He was meant to arrange for the documents Hall had acquired in the USA to be transported into the GDR. In order to prepare Hagen for this mission, they smuggled him into West Berlin, so Hagen would be able to 'acclimatise to Western living conditions'. The very first opportunity Hagen got after reaching the West, he ran to the CIA and sold them his knowledge about the spying on the Teufelsberg as well as all other activities of the duo for the sum of one million dollars and the liberation of his family from East Berlin.

Yildirim und Hall, beide inzwischen in den USA lebend, standen nun unter Beobachtung. Mit Hilfe des neuen Doppelagenten „Hagen" inszenierte man eine Übergabe von Dokumenten an den KGB, während derer Hall verhaftet wurde und alles gestand. Er wurde 1989 zu 40 Jahren Gefängnis verurteilt, im September 2011 jedoch vorzeitig entlassen. Yildirim teilte dieses Schicksal, er wurde bereits 2004 wieder entlassen.

Yildirim and Hall, meanwhile both living in the USA, were under constant observation. With the help of the new double-agent Hagen, a scenario was staged in which the documents were to be handed over to the KGB, during which Hall was arrested and his complete confession recorded. In 1989 he was sentenced to 40 years of imprisonment but was set free in September, 2011. Yildirim shared the same fate and was also arrested and sentenced but then released in 2004.

Bereits nach zwei Jahren Gefängnis, 1991, nach Mauerfall und dem Zerbröckeln der Perestroika war ihnen wohl klar, dass sie auf keinen Fall durch einen Agentenaustausch, wie er im Kalten Krieg nicht unüblich war, frei kommen würden.

After only two years of confinement in 1991, after the Fall of the Wall and the Russian Perestroika beginning to crumble, they both realised that they would be facing long prison terms, as the comfortable exchange of agents, common during the Cold War, was no longer the modus operandi.

ENDE DES KALTEN KRIEGS

Der Kalte Krieg verlief schleichend, war gekennzeichnet von einer permanenten, unterschwelligen Angespanntheit, einer Art von Spannung, die der Regisseur Alfred Hitchcock in seinen Filmen als Suspense bezeichnete.

END OF THE COLD WAR

The Cold War proceeded stealthily and unpredictably and was marked by a permanent subtle tension, bordering on the suspense of an Alfred Hitchcock film.

Jeder Zeit konnte etwas passieren, ab und zu kochte die Lage hoch, dann wieder Stille, man belauschte den Feind. So vergingen die Jahre. Gerade deswegen kam das Ende dieses Konflikts so unvorstellbar schnell daher, vor allem für die Berliner. Nach dem Mauerfall, der deutschen Wiedervereinigung und dem Zusammenbruch des Sowjetreiches begannen die Westalliierten Anfang der 90er mit dem teilweisen Abzug ihrer stationierten Truppen. Es gab keine Feinde mehr. Berlin war über Nacht eine ganze Stadt geworden. Was für mindestens eine ganze Generation auf beiden Seiten der Mauer gänzlich undenkbar war, schien nun, wie im Minutentakt zu geschehen.

Im August 1992 übergab das amerikanische Liegenschaftsamt die Immobilie auf dem Teufelsberg der Oberfinanzdirektion Berlin. Nur zwei Monate später überstellte man das Gelände der Berliner Forstverwaltung. Die hohen anfallenden Kosten wurden auf lange Sicht zum Problem. Es sollten Lösungen gefunden werden. Wie konnte man möglichst großen Profit daraus schlagen? Man diskutierte den Verkauf des Geländes an die Telekom oder an die Bundeswehr.

Das erste Kaufangebot von 200 Millionen DM, für den Bau eines Hotels mit Tagungszentrum und Casino wurde abgelehnt. Die Abrisskosten der Gebäude auf dem Teufelsberg schätzte man auf 20 Mio. DM.

Anything could happen at any time. Once in a while the situation boiled up, just to be followed by stark silence. The enemy remained under constant surveillance. The years went by. In turn, the sudden termination of conflict came as an utter surprise, especially for the Berliners. After the Fall of the Wall, the German reunification, and the collapse of the Soviet Union, the Western Allies started to partially withdraw their stationed troops in the early 90's. There were no longer any enemies. Communism was over. Over night, Berlin had turned into one big city; something had happened suddenly that for an entire generation had seemed totally inconceivable on both sides of the wall. Change seemed to be happening every minute.

In the August of 1992, the American Land and Property Department handed over the real estate of the Teufelsberg to the Regional Finance Office in Berlin. The area was transferred to the forestry administration two months later. But the monthly running costs of maintenance became a problem in the long run. Solutions needed to be found. What could be done with the Teufelsberg plateau? How could maximum profit be made from it? Sell the area to the Telecom or maybe to the German Armed Forces? All of these options were discussed.

The first purchase offer of 200 million DM, including the plan of building a hotel with conference centres and a casino, was rejected. The demolition costs of the buildings on the Teufelsberg were estimated at 20 million DM.

Man plante stattdessen eine Renaturierung des Geländes. Als Naherholungszentrum sollte das Gelände jedem zugänglich sein was viele Investoren abschreckte, denn sie wollten schließlich auch Kapital aus diesem Standort schlagen. Außerdem sollten die Radom-Türme, quasi als Wahrzeichen Berlins stehen bleiben und nur all das abzureißen, was dringend nötig war. Wie zum Beispiel den 113 m hohen Antennenmast, dessen Standhaftigkeit von absehbarer Dauer war. Denn das Trümmer-Fundament des Teufelsbergs unterlag einer starken Bodenerosion und bewirkte eine flächendeckende Zerstörung des Bodens auf dem Teufelsberg-Plateau. So stiegen die Kosten und die Investoren blieben fern – wobei es an Bewerbungen nicht mangelte.

Instead, the plan turned to re-naturalising the area. As a recreational resort, the place was meant to be freely accessible to everybody – this again shocked the investors as they wanted to turn maximum profit from the location. Also, it was decided to keep the Radome towers as city landmarks and to only tear down what was genuinely unnecessary, such as the 113 m antenna. Its structural soundness was of questionable duration. The foundation consisting of rubble and debris, the Teufelsberg had been subject to intense soil erosion and caused constant area-wide damage to the ground of the plateau. With rising costs and no clear project end in sight, the investors backed out, even though there was certainly no shortage of applications.

Eine Sternwarte sollte errichtet werden, ein Skizentrum, Film-und Fernsehstudios, eine Bühne für Musikkonzerte, ein Kino, Künstlerateliers, ein Freizeitpark oder auch eine Solarkraftanlage – Vorschläge, die im Winde verwehten. Vor allem, weil sie alle kommerzieller Natur waren.

Im Jahr 1995 veranstaltete das Land Berlin einen Architektenwettbewerb, von dem man sich gute Vorschläge erhoffte. Zu großer Überraschung verkaufte man das Teufelsberg-Plateau an einen der Teilnehmer, das Kölner Architektenbüro Gruhl und Partner, für gerade einmal 5,2 Millionen DM. Auch sie planten lediglich einen Hotelkomplex, mit Tagungszentrum, Spionagemuseum und Restaurants – keine öffentliche Naherholungsstätte.

An observatory, a ski resort, film studios, stages for concerts, a cinema, artist's workshops, a green area and park, or even a solar energy park had been envisaged – but all these ideas and plans, too, were eventually blown to the wind.

In 1995 the state of Berlin initiated an architects' contest in the hope of receiving some good, new ideas. To everyone's surprise, the Teufelsberg plateau was then sold to one of the participants, Gruhl and Partner from Cologne, an architectural company, for just about 5.2 million DM, a price far below the estimated value. Their idea was identical to previous ones, to build a hotel complex with all the knick-knacks, luxuries, and beautiful views of the area and Berlin, including a spy museum and restaurants, but nothing more. And certainly no public recreational area.

MEDITATION AUF DEM TEUFELSBERG

Der US-Amerikanische Regisseur David Lynch gilt als kauzig, verschroben und geheimnisvoll. Seine Filme, allen voran, die von ihm entworfene Fernsehserie Twin Peaks, entspringen fast ausnahmslos dem Mysteriösen. Sie sind übervölkert von geheimnisvollen Orten, seltsamen Begegnungen und Schatten der Vergangenheit. Vielleicht fühlt sich Lynch deshalb so sehr angezogen vom Berliner Teufelsberg. Seit 1973 ist der Filmemacher Anhänger der Transzendentalen Meditation, die durch den indischen Guru und Philosophen Maharishi Mahesh Yogi (†2008), ins Leben gerufen und weltweit verbreitet wurde.

MEDITATION ON TOP OF THE TEUFELSBERG

The American film director David Lynch is known to be eccentric, grumpy, and mysterious. All of his films, without exception, and especially his TV series Twin Peaks are based on highly mysterious settings; loaded with secretive places, strange encounters, and shadows of the past. Perhaps it was this ominous streak in Lynch that led him to be attracted to the Teufelsberg as a place for meditation. Since 1973, the film-maker has been a practitioner of transcendental meditation, initiated and disseminated globally by the Indian guru and philosopher Maharishi Mahesh Yogi (†2008).

Artist: Alaniz

Dessen Organisation (auch TM-Bewegung genannt) wollte, im Zuge eines weltweiten Projektes, auf dem Teufelsberg eine so genannte „vedische Friedensuniversität" gründen. Geplant war der Bau auf einer 24.000 Quadratmeter großen Fläche. Als Aushängeschild war ein 50 m hoher „Turm der Unbesiegbarkeit" geplant. Das Vorhaben kommt etwas eigen daher, stellte für die TM-Bewegung jedoch nur einen logischen Schritt dar. Lynch wollte die Vorhaben mittels seiner Stiftung „David Lynch Foundation for Consciousness-Based Education and World Peace" unterstützen. Der höchst esoterischen und wirklich schwer einzuordnenden Grundsteinlegung kann man im Dokumentarfilm David Wants To Fly beiwohnen.

Over the course of a world spanning project, his organisation, named TM movement, had the intention to found a so called 'Vedic Peace University'. The plans were to create a 24,000 square metre terrain and a tower 50m in height, the 'Tower of the Invincible', as a distinctive symbol. Lynch wanted to support the projects by means of a trust, 'David Lynch Foundation for Consciousness-Based Education and World Peace'. The highly esoteric and unclassifiable cornerstone ceremony can be viewed in the documentary 'David Wants To Fly'.

Maharishi ist kein Unbekannter, er versammelte Anfang 1968 zahlreiche Größen der Unterhaltungsindustrie wie die Beatles, die Rolling Stones, Mike Love von den Beach Boys, den Sänger Donovan, die Schauspieler Clint Eastwood, Mia Farrow und Shirley MacLaine zu transzendentalen Meditationskursen. Sein Konzept will der Welt den Frieden bringen, so sagte er, und brachte die eigenen Praktiken, wie das „Yogische Fliegen" nach eigenen Angaben 5 Mio. Menschen näher.

Der Teufelsberg ist ein besonderer Ort, auch für spirituelle Gurus wie Maharishi. Nicht zuletzt weil er auf Trümmern, auf vergangenem Leid, thront. Wo, wenn nicht hier könnte seine spirituelle Weltrevolution zur Befreiung der Herzen beginnen?

Maharishi is not an unknown character. In 1968 he gathered various stars of the entertainment industry such as the Beatles, the Rolling Stones, Mike Love of the Beach Boys, the singer Donovan, the actors Clint Eastwood, Mia Farrow, and Shirley MacLaine, for transcendental meditation courses. His concept is directed at bringing peace to the world, he claimed, and taught his disciples and 5 million people the practices of 'Yogic Flying'.

For spiritual gurus like Maharishi, the Teufelsberg was a special place; mainly because it is perched atop the debris and rubble of past suffering. Where else, if not here, should the spiritual world revolution for the deliverance of the hearts mark its beginning?

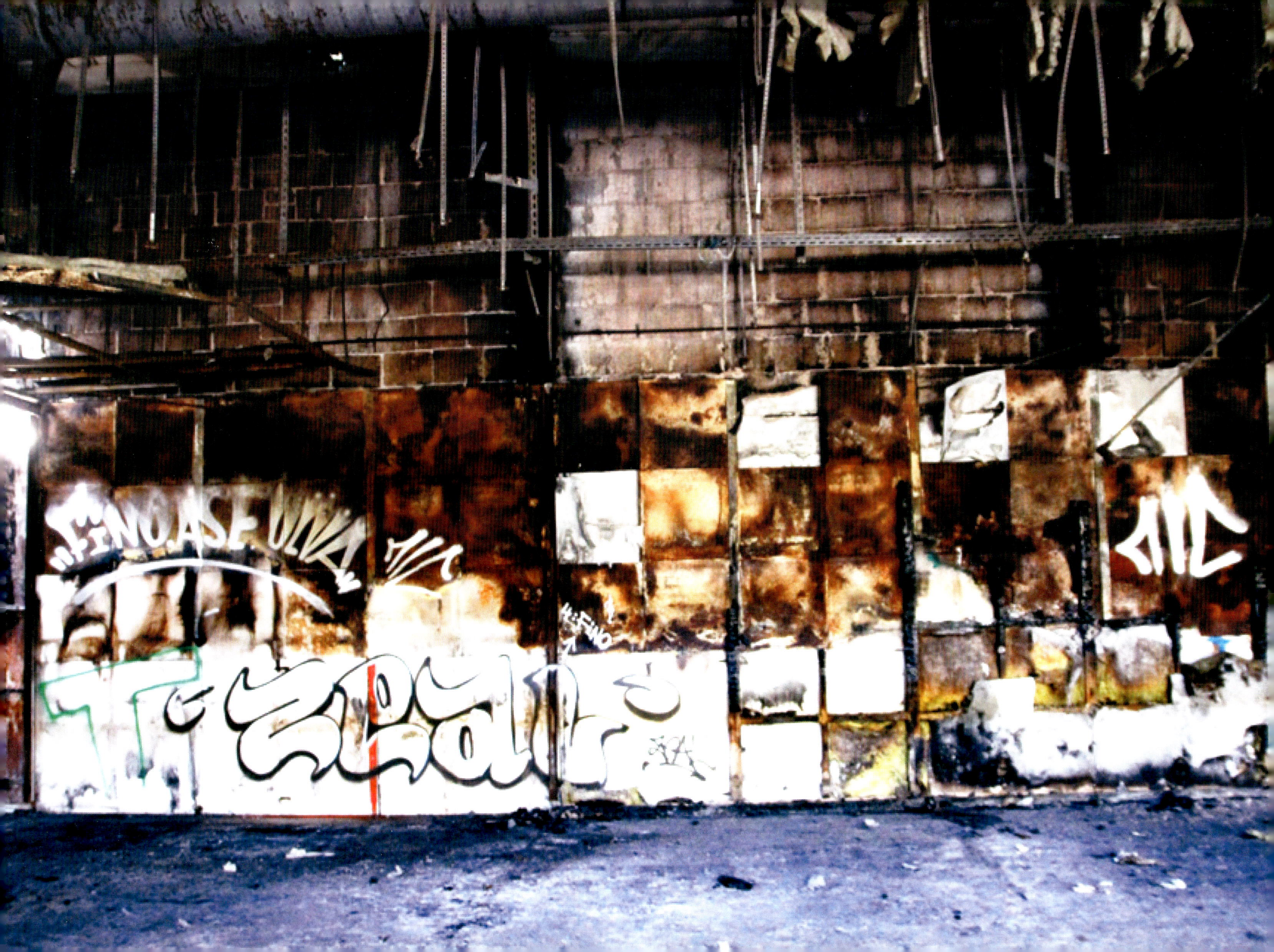

VANDALISMUS

Heute erinnert nur noch wenig an die Zeit von Gruhl und Partner – nachdem die Baugruppe das Gebiet und die begonnene Objekte mangels Geldes verließ, verwandelte sich das Plateau mit all seinen Anlagen in ein Schlachtfeld des Vandalismus. Über das gesamte bebaute Areal inklusive der Radomtürme ging eine brachial gewaltige Abrisswelle, die die Anlage über die Jahre zu einer kompletten Ruine machte.

Aufgestemmte Wände, durchtrennte Treppenstufen, flächendeckend herausgeschlagene Fensterscheiben, den Wänden entrissene Stromkabel, heruntergerissene Wand- und Deckenverkleidung, hinter denen sich bis heute Asbest freisetzt, das Gebiet auf dem Teufelsberg ist seitdem an mehreren Stellen asbestverseucht – zerstört mit einer Akribie, über die sich nur schwer räsonieren lässt.

Besonders begehrt waren das Kupfer und andere Metalllegierungen, die vor allem in Form von Kabeln reichlich vorhanden waren und zu Geld gemacht wurden. Wer für diese Verwüstungsschneisen verantwortlich zu machen wäre, ist nicht ermittelt. Die aggressive Energie, welche sich hier entlud, ist schlichtweg erstaunlich und in einer Vielzahl ausgeschlachteter Gebäude bis auf den heutigen Tag dokumentiert. Blinde Zerstörungswut, die Lust am Kaputtmachen und Profitsuche, das Resultat der Gewaltorgien lässt sich hier bestaunen.

Die Besitzrechte liegen nach wie vor bei Gruhl und Partner und der klamme Berliner Senat sieht sich offiziell nicht in der Lage das Gelände, auf dem Hypotheken von ca. 30 Millionen Euro liegen, zurückzukaufen. Ohne einen solchen Rückkauf sind Umbauarbeiten jedoch äußerst schwierig.

VANDALISM

Today, not much is left to see from before when Gruhl and Partner left the area and left behind the partly finished constructions due to financial problems. Once the place was abandoned, waves of vandalism poured over the plateau of the Teufelsberg and the entire construction site, including the Radome Towers, and the Field Station turned into a battlefield of destruction.

Pried-open walls, cut and torn cables and wires, destroyed steps and staircases, broken windows, cables ripped from walls and ceilings, torn down panels and wall-coverings, which laid bare asbestos containing materials. Since then, some areas of the plateau are contaminated with asbestos. The destruction was carried out in such an elaborate manner that it leaves one speechless.

Especially sought after were copper, copper cables, and other metals that could be turned into money. The ravagers remain unknown. The abandoned Field Station and the half-built luxury apartment complex were turned into ruins. The remains of these orgies of violence, triggered by blind aggression, lust for destruction, or greed for money can still be visited today.

The property deeds are still held by Gruhl and Partner and the Berlin Senate does not have the money to buy back the area, it being charged with a mortgage of about 30 million Euro. Structural alterations are therefore very difficult to impossible.

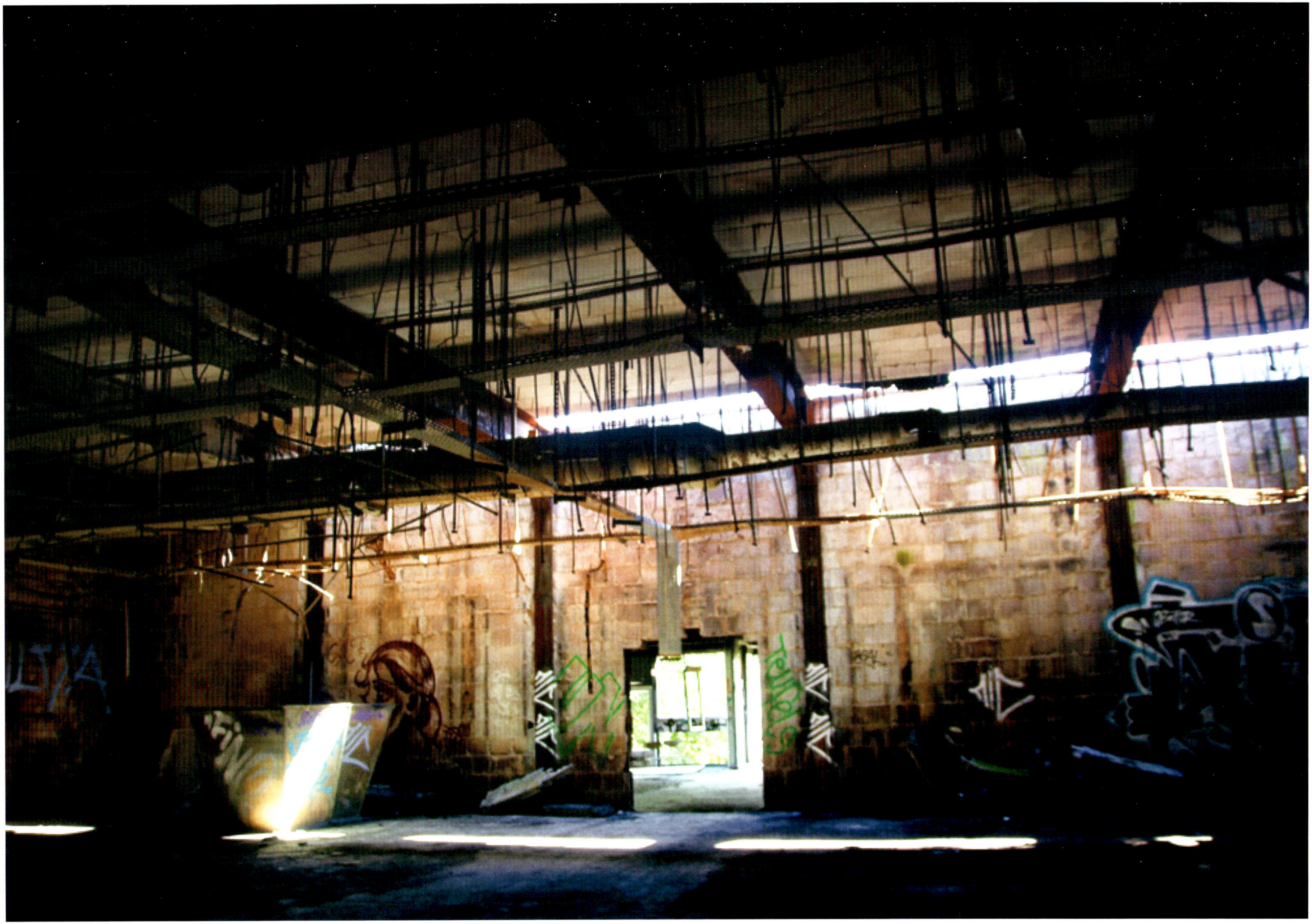

Heute sind der Teufelsberg rund um die Abhöranlage sowie der gegenüberliegende Drachenberg ein beliebtes Erholungsgebiet für die Berliner und ihre Gäste. Die Anlage kann täglich im Rahmen von einstündigen Begehungen entdeckt werden.
Darüber hinaus können die Besucher während einer zweistündigen Führung mit Zeitzeugen und Historikern tiefere Einblicke in Geschichte und Gegenwart der Berges gewinnen.
Seit 2012 wird die Anlage vor Vandalismus geschützt und regelmäßig bewacht. Viele Freiwillige bemühen sich darum, die Field Station als Denkmal der Berliner Geschichte und des Kalten Krieges zu erhalten.
Um ihrem Wunsch Nachdruck zu verleihen, haben sie 2013 den Verein „Kultur-Denk-Mal Teufelsberg" gegründet.
Dazu gehört auch die Nutzung des Geländes für Kunst und Kultur. Schon heute finden hier regelmäßig Film- und Fotoshootings statt. Und immer wieder entstehen neue Graffitis.

Today, the area around the Teufelsberg, the radar station as well as the Drachenberg, is a popular recreational location for Berliners and tourists alike.
During a two-hour tour, moderated by witnesses and historians, the visitors can gain interesting insights into the past and the present of this mountain. Since 2012 the area is protected against vandalism and is guarded by many volunteers who seek to preserve the Field Station as a memorial to Berlin's history and the Cold War. In order to emphasise their wish, in 2013, the association 'Kultur-DenkMal Teufelsberg' was founded to include the cultural and artistic dimension of the area in its preservation. .
The place inspires film and photo shoots, sporting activities, musical events, and inevitably attracts the urban art-scene with perpetually changing new graffiti painted over previous designs, layer by layer ...

In Berlin befinden sich heute die Abhöranlagen der NSA in der direkten Nähe des Regierungsviertels, in und auf der Amerikanischen Botschaft, am Brandenburger Tor.

Today, the NSA installations are located close to the Berlin government quarter, on top of the American Embassy next to the Brandenburger Tor.

*A child born today will grow up with no conception of privacy at all.
They'll never know what it means to have a private moment to themselves – an unrecorded, unanalysed thought.*

-Edward Snowden, December 25, 2013

Hallo und Frohe Weihnachten!

Ich fühle mich geehrt, die Gelegenheit zu haben, heuer mit Ihnen und Ihrer Familie sprechen zu dürfen.

Unlängst haben wir gelernt, dass unsere Regierungen in Zusammenarbeit ein weltweites Überwachungssystem geschaffen haben, das alles, was wir tun, beobachtet.

Der Brite George Orwell hat uns vor den Gefahren solcher Information[ssammlung] gewarnt. Die Überwachungsmethoden in seinem Buch – Mikrofone, Videokameras, Fernseher die uns überwachen – sind nichts gegen das, was heute verfügbar ist. Wir tragen Sensoren in unseren Taschen, die aufzeichnen, wohin wir auch gehen. Bedenken Sie, was das für die Privatsphäre eines durchschnittlichen Menschen bedeutet.

Ein Kind, das heute geboren wird, wird ohne jegliche Vorstellung von Privatsphäre aufwachsen. Es wird niemals wissen, was es bedeutet, einen privaten Moment nur für sich zu haben; einen Gedanken, der nicht aufgezeichnet und analysiert wird. Das ist ein Problem, denn die Privatsphäre ist wichtig. Die Privatsphäre ist es, die uns ermöglicht herauszufinden, wer wir sind und wer wir sein wollen.

Die Debatte, die heute stattfindet, wird bestimmen, wie sehr wir sowohl der Technologie, die uns umgibt, als auch dem Staat, der sie reglementiert, vertrauen können. Gemeinsam können wir eine bessere Ausgewogenheit finden, die Massenüberwachung beenden und die Regierung daran erinnern: Wenn sie wirklich wissen will, was wir denken, ist Nachfragen immer günstiger als Spionieren.

Für alle, die da draußen zuhören:
Danke und Frohe Weihnachten.

Hello and Merry Christmas.

I'm honoured to have the chance to speak to you and your family this year.

Recently, we learned that our governments, working in concert, have created a system of worldwide mass surveillance, watching everything we do.

Great Britain's George Orwell warned us of the danger of this kind of information. The types of information collection described in the book -microphones and video cameras, TVs that watch us -are nothing compared to what we have available today. We carry sensors in our pockets that track us everywhere we go.

Think about what this means for the privacy of the average person. A child born today will grow up with no conception of privacy at all. They'll never know what it means to have a private moment to themselves - an unrecorded, unanalysed thought. And that's a problem, because privacy matters. Privacy is what allows us to determine who we are and who we want to be.

The conversation occurring today will determine the amount of trust we can place both in the technology that surrounds us and the government that regulates it. Together, we can find a better balance, end mass surveillance, and remind the government that if it really wants to know how we feel, asking is always cheaper than spying.

*For everyone out there listening,
thank you and Merry Christmas.*

Artist: Alaniz

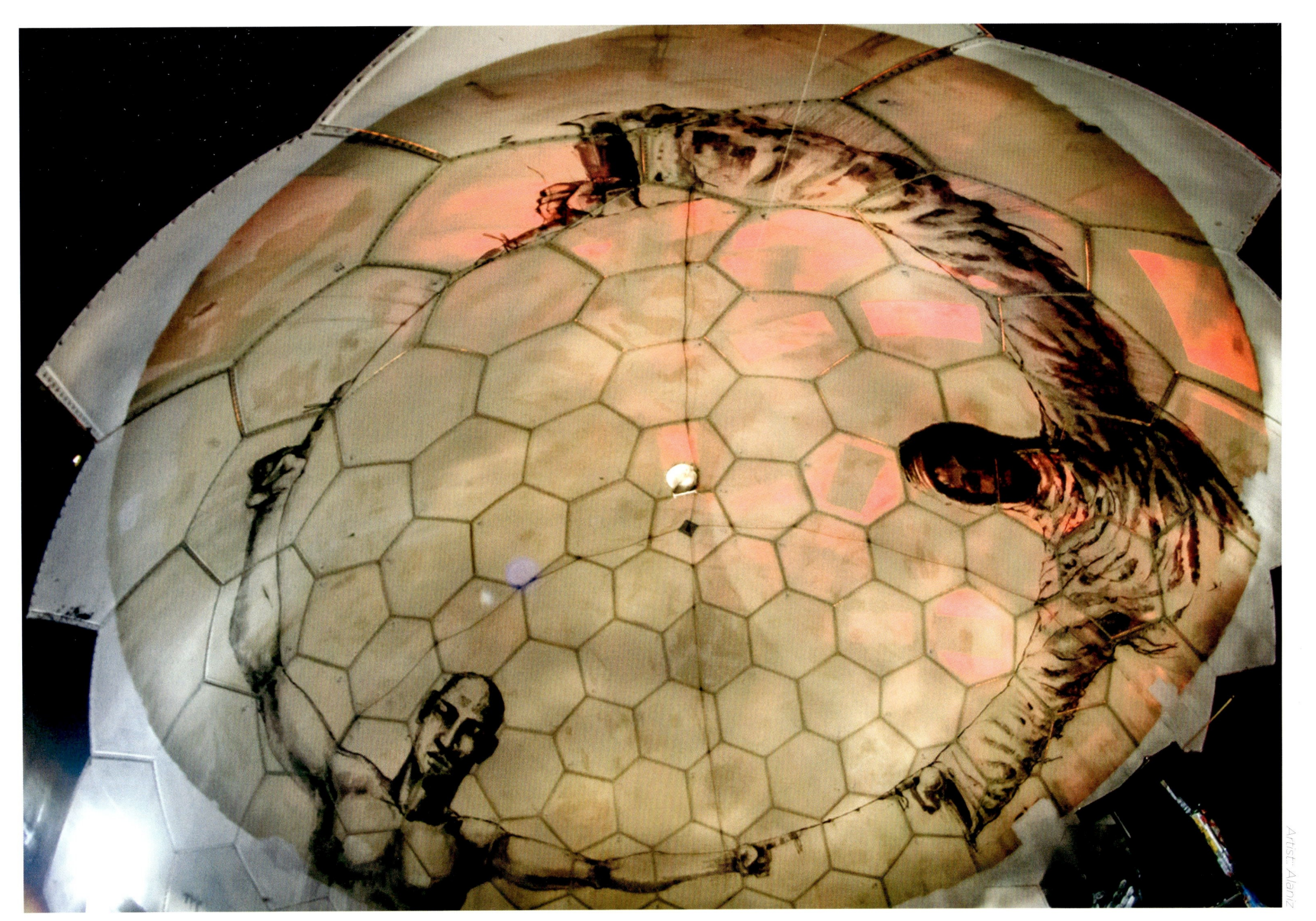

107

DIE NSA AUF DEM TEUFELSBERG

In jüngster Vergangenheit werden die Tätigkeiten des US-Amerikanischen Geheimdienstes NSA öffentlich in Frage gestellt. Dabei entsteht der Eindruck, als würde jene National Security Agency erst seit kurzem, praktisch durch das Auftauchen des Internets, überwachen und spionieren. Fakt ist, dass vor allem die Berliner es besser wissen müssten! Von 1961 bis zum Mauerfall saß die NSA auf dem Teufelsberg, im Herzen Berlins und hörte von hier aus die geteilte Stadt, die beiden Deutschlands und den Großteil des Ostblocks ab. In die geheime Welt rund um den Berg gab es jedoch keinerlei Zugang oder gar Informationen. Am 5. September 1986 allerdings hatten Feuerwehr und Polizei die Gelegenheit, einen kleinen Einblick zu bekommen.*

THE NSA ON THE TEUFELSBERG

In the recent past, the activities of the US American secret service, NSA, were publicly questioned and discussed. In this context, the incorrect impression arose that the National Security Agency only came into existence recently and that the extensive spying, scrutinising, and investigating has practically only taken place since the emergence of the Internet. The fact is, and Berliners should know best, that from 1961 until the fall of the wall the NSA sat on top of the Teufelsberg, in the heart of Berlin, and observed and eavesdropped on the divided city, both sides of Germany, and vast parts of the East Block. The secret world around the mountain did not permit any insights nor was any information published. But on September 5, 1986, the Berlin police and fire brigade had had the opportunity to catch a glimpse ...

Artist Plotbot

*An diesem Tag nämlich explodierte eine Dokumenten-Vernichtungsanlage der „Electronic Security Group 6912" in der Schwesteranlage in Marienfelde, die Splitter flogen bis zu 300 Meter weit und es mussten 34 Verletzte in die städtischen Krankenhäuser abtransportiert werden.

On this day a ‚document-shredder' of the ‚Electronic Security Group 6912' exploded with splinters flying over 300m through the air. 34 were injured and had to be transported to several Berlin hospitals.

Die Anlage auf dem Teufelsberg war Teil der Ausspähungsarchitektur des weltweiten Überwachungsnetzwerks Echelon. Dieses selbst existiert noch immer, auch wenn Ausmaße und Funktionsweisen bis heute größtenteils im Dunkeln liegen.

Echelon ist der Name eines weltweiten Spionagenetzes, das von Nachrichtendiensten der USA, Großbritanniens, Australiens, Neuseelands und Kanadas betrieben wird. Five Eyes. Das System dient zum Abhören bzw. zur Überwachung von über Satellit geleiteten privaten und geschäftlichen Telefongesprächen, Faxverbindungen und Internet-Daten. Die Auswertung der gewonnenen Daten wird vollautomatisch durch Rechenzentren vorgenommen.

Wegen des Einsatzes zur Wirtschaftsspionage gegen europäische Unternehmen wurde eine bedeutende Anlage der amerikanischen NSA im bayerischen Bad Aibling auf Empfehlung des parlamentarischen Untersuchungsausschusses im Jahr 2004 geschlossen.

The installation was part of a world-wide surveillance system called Echolon, a network that still operates today; yet, the scope and functions remain predominantly unknown.

Echelon is the name of a worldwide espionage network, which is run by the intelligence services of the USA, Great Britain, Australia, New Zealand, and Canada (Five Eyes). The system serves as a means of wiretapping and surveillance of satellite transmitted private and business phone calls, fax connections, and internet data. The analyses of the gained data are automatically processed by data centres.

Due to the misuse of industrial espionage against European companies, one of the most important complexes of the American NSA in Bad Aibling was closed down in 2004 following the advice of the congressional investigation committee.

VON ENIGMA ZU KÜNSTLICHEN INTELLIGENZEN

Die Geschichte der NSA beginnt im Zweiten Weltkrieg, unter der Bezeichnung TICOM (Target Intelligence Committee). Diese Vorgänger-Organisation, gemeinschaftlich gegründet von Briten und Amerikanern, beschäftigte sich mit der Suche nach deutschen Geheiminformationen und dem Entschlüsseln entsprechender Codes. Die deutsche Chiffriermaschine Enigma und ihre Entschlüsselung durch die Alliierten gehörten zu den am besten gehüteten Geheimnissen des Zweiten Weltkriegs. Doch auch die Sowjetunion stand unter Beobachtung des TICOM. Man wollte über die Pläne des mit Argwohn betrachteten Verbündeten bescheid wissen. Die Zeit des Misstrauens war die Zeit der Geheimdienste und diese Zeit begann im Zweiten Weltkrieg. Nach Kriegsende 1945 vergrößerten sich die Bedeutung und der Einfluss dieser Geheimdienste von Jahr zu Jahr – eine Entwicklung, deren Auswüchse wir heute erleben.

Es begann ein Wettlauf um die verbliebenen deutschen Geheimnisse und Wissenschaftler. Aus amerikanischer Sicht heiß begehrt, waren deutsche Geheimdienstinformationen über die Russen. Der damalige US-Präsident Harry S. Truman, seines Zeichens verantwortlich für die beiden Atombombenabwürfe auf Hiroshima und Nagasaki, kann als Begründer der NSA gesehen werden. Offiziell ist diese dem amerikanischen Verteidigungsministerium unterstellt, entwickelte über die Jahre jedoch ein fast eigenständiges Handeln – und im Zuge dessen übergroßen Einfluss auf die Außenpolitik der USA. Im Gegensatz zu anderen Auslandsgeheimdiensten, wie z.B. der CIA, besteht die Aufgabe der NSA ausschließlich in der Informationsbeschaffung, nicht in spektakulären Spionageaffären. Anfangs ging es um Kryptographie und Funksignale. Heute dreht sich die Informationsbeschaffung um das Internet und Satelliten.

ENIGMA AND ARTIFICIAL INTELLIGENCES

The story of the NSA begins during World War II under the name TICOM (Target Intelligence Committee). This forerunner organisation was mutually founded by the British and the Americans and engaged in collecting secret German information and deciphering codes. The biggest success within these efforts was the seizure of the famous deciphering machine Enigma. The Soviet Union was also under observation by the TICOM. They wanted to be informed about all the plans of the mistrusted ally. This suspicion led to the launch of the secret services in World War II. In 1945, after the war had ended, the significance and impact of the secret services took on a larger scope with each passing year – which is how we arrived at the excesses we see today ...

A competitive race to acquire German secrets and scientists ensued. What was most desired by the American side was all secret information concerning the Russians. The former US president Harry S. Truman, responsible for the dropping of nuclear bombs over Hiroshima and Nagasaki, can be considered the founder of the NSA. Officially, the NSA is subordinate to the American ministry of defence, but over the years the NSA became an almost independent body and over the course of time it gained massive influence regarding US foreign affairs. In contrast to other foreign secret services, e.g. the CIA, the task of the NSA is focused exclusively on information search and not on extravagant spying affairs. In the beginning, it was cryptography and radio signals, while today all information search revolves around the Internet and satellites.

Mit dem Amtsantritt des 34. Präsidenten, Dwight D. Eisenhower, am 04. November 1952 wurde die NSA als die Behörde, die sie noch heute ist, in Betrieb genommen. Bis auf den Tag ist bemerkenswert wenig über diese Organisation bekannt. Die Beziehung zu Deutschland kann man jedoch als alteingesessen bezeichnen. Das Beispiel Teufelsberg zeigt dies deutlich. Der deutsche Staat, geschweige denn der Berliner Senat, hatte keinerlei Mitspracherecht, weder bei der Wahl des Standorts, noch in Fragen der Abhör-Absichten. Faktisch war Deutschland ein besetztes Land. Sowohl die DDR als auch die BRD standen jeweils unter Einfluss und Beobachtung ihrer Verbündeten. Dass die DDR hierbei die Rolle eines sowjetischen Satellitenstaates erfüllte, ist wohl unbestritten – ob die BR Deutschland in den Jahren des Kalten Krieges als souveräner Staat bezeichnet werden kann, steht auch auf Grund neuester Erkenntnisse über die Aktivitäten der NSA auf deutschem Boden, zumindest zur Debatte. Bereits Adenauer, als erster deutscher Bundeskanzler, hatte in den 50er Jahren den Amerikanern das Spionieren hierzulande auf Jahre garantiert.*

Wir nennen die Zeit in der wir leben nicht selten das Informationszeitalter, nicht zuletzt weil Informationen Einfluss garantieren, Macht bedeuten. Die NSA, das ist wohl kein Geheimnis mehr, besitzt die meisten Informationen. In Fort George G. Meade, Maryland, ungefähr 30 km nördlich von Amerikas Hauptstadt Washington D.C., errichtete man sich praktisch eine eigene Stadt. Es gibt eine eigene Autobahnausfahrt, deutlich als „Nur für NSA-Mitarbeiter" ausgeschildert, eine eigene Tageszeitung, einen Fernsehsender und sogar eine eigene TV-Talk-Show namens „Talk NSA"! Aufgrund seines funktionalen Charakters wird die Geheimdienstmetropole im Volksmund „Crypto City" genannt. Diese Stadt beherbergt nicht nur Geheimnisse, sie ist selbst eines.

*When president Dwight D. Eisenhower took office on November 4, 1952, the NSA was established and operates to this day, although notably little is known about this organisation. Its relations with Germany is well-established and autochthonous. The example of the Teufelsberg shows only too clearly what little say the German government or the Berlin Senate have in these secret service matters; when the Field Station was built just as much as when questions arose concerning surveillance activities. Germany was practically an occupied country. GDR and FRG were each under the influence and under surveillance of their allies. It is indisputable that the GDR played the role of a Soviet satellite-state. Whether the FRG had been a sovereign state or could be described as such has been discussed more actively since the most recent revelations and findings regarding the ongoing activities of the NSA on German soil. Since the 50s, Germany's first Chancellor, Konrad Adenauer, granted the British and American allies extensive permissions to spy on Germany.**

We call the present time in which we live the information age, if for no other reason, then because information produces influence and influence brings power. The NSA, and this is no longer a secret, owns most information. In Fort George G. Meade, Maryland, about 30 km north of America's capital, Washington D.C., virtually a new city was erected – for the NSA only. A new highway with 'For NSA staff only' clearly signposted, was built, their own newspaper published, a TV broadcasting channel and even their own talk-show called 'Talk NSA' was initiated. Due to its functional character, the secret service metropolis has earned the nick name 'Crypto City'. This city does not only keep secrets, it is a secret.

*Quelle: Süddeutsche 8. Juli 2013US-Geheimdienst in der BundesrepublikDeutschland erlaubte den Amerikanern das Schnüffeln 9. Juli 2013Historiker Foschepoth über US-Überwachung „Die NSA darf in Deutschland alles machen"

*Source: Süddeutsche newspaper, July 8, 2013
 US secret services inside the republic. Germany gives snoops full access
July 9, 2013Historian Foschepoth on US surveillance
„The NSA can do whatever it wants in Germany "

Im Jahr 1989 veröffentlichte Der Spiegel einen sehr weitreichenden Artikel über die Ausmaße der amerikanischen Überwachung Deutschlands, weiter über das Wegschauen und das Schweigen führender deutscher Politiker zu dieser Frage. Der Artikel erregte zur Zeit seines Erscheinens großes Aufsehen, die Brisanz dieser Thematik ging jedoch im Freudentaumel der Wiedervereinigung unter.

Der Spiegel 20.02.1989 NSA: Amerikas großes Ohr Die National Security Agency, der aggressivste US-Nachrichtendienst, hört Freund und Feind ab.
Von alliierten Sonderrechten ermächtigt und durch Gesetze geschützt, von allzeit schussbereiten Sicherheitskräften bewacht, von kamerabestückten Stacheldrahtzäunen und elektronischen Schutzschilden umhüllt, hat sich die NSA zu einer Monsterorganisation entwickelt, die in einem politischen Vakuum weitgehend nach eigenem Gutdünken operiert.

In 1989 the magazine ‚Der Spiegel' published a very extensive article on the excessive scope of surveillance activities by the Americans in Germany and how it was ignored and silenced by leading politicians. The article raised a lot of attention, the explosiveness of the issue unfortunately drowned in the euphoria of the reunification.

Der Spiegel magazine, February 2, 1989
NSA: America's big ear – the National Security Agency, the world's most aggressive intelligence service, is eavesdropping on friend and enemy alike. Due to allied privileges, empowered and protected by various laws, watched by security forces ready to fire at any time, with cameras installed on wire fences and enveloped in electronic shields, the NSA has developed into a monster organisation that operates at its own whim in what is mostly a political vacuum.

KEEP OUT !

In anderen Teilen Deutschlands werden ehemalige Basen und vorhandene Strukturen aus dem Kalten Krieg weiter genutzt, wie insbesondere in Hessen. Ein zentrales Bundesland mit stationierten Einrichtungen in Darmstadt, Wiesbaden, Frankfurt, dem Frankfurter Flughafen und Ramstein. Hochgesicherte Gelände, über die es von Seiten der US Behörden keine Auskünfte gibt und auch die deutschen Behörden auf Geheimhaltung verweisen. Das CIA Hauptquartier befindet sich ‚unterhalb' der Frankfurter US-Botschaft. In Hinterzimmern und Kellerräumen jenseits der diplomatischen Zwecke befindet sich der Stützpunkt der CIA, einer der größten außerhalb der USA mit hunderten Mitarbeitern, einem Logistikcenter und dem Heimatschutzministerium, das u.a. die Fluggesellschaften am Frankfurter Flughafen für unwillkommene Reisende in die USA berät.

SOUVERÄN ABGEHÖRT
— WARUM DEUTSCHLAND IMMER NOCH BESETZT IST

.... Abhören von Freunden, das ist inakzeptabel, das geht gar nicht, wir sind nicht mehr im Kalten Krieg ...
... Das würde eine völlig neue Qualität darstellen ...
... Was wir aber nicht akzeptieren können, ist ein zielloses, ein wahlloses und auch hemmungsloses Ausspionieren von Bürgerinnen und Bürgern ...
.... Wer kontrolliert, was die US Dienste hier machen? Eigentlich niemand, so die Antwort. Was haben wir eigentlich vereinbart, wie wird denn das kontrolliert, wurde sich an die Verträge gehalten? Das wäre ja wohl das mindeste ...
Haben die „alliierten" Geheimdienste unsere Hauptstadt Berlin erneut in Sektoren aufgeteilt? Haben sie überhaupt je damit aufgehört? Obwohl wir doch seit mehr als 20 Jahren souverän und damit längst volljährig sind. Jetzt sollten wir uns wohl souverän dagegen wehren, dass uns der große amerikanische Vater in Washington nicht bei allem was wir tun über die Schulter schaut. Oder sollen wir souverän darüber hinwegsehen?

Auszüge aus dem Radiobeitrag Der Tag auf HR2 gesendet am 20.11.13

KEEP OUT !

In other parts of Germany, the buildings of former bases and other structures from the Cold War are still in use, especially in Hesse, a centrally located state with established facilities in Darmstadt, Wiesbaden, Frankfurt, Frankfurt Airport, and Ramstein. Highly secured areas about which no information is provided and even German authorities refer to secrecy agreements about. The CIA headquarters is located 'beneath' the US Embassy in Frankfurt. In back-rooms and cellars and beyond diplomatic purposes, it is one of the most important bases of the CIA outside of the USA. It is run by hundreds of staff members, a logistical centre, and the ministry of homeland security. Homeland security also advises airlines in regard to black-listed passengers who intend to fly to the States.

SOVEREIGN EAVESDROPPING
— WHY GERMANY IS STILL UNDER OCCUPATION

.... Eavesdropping on friends is unacceptable, this cannot be tolerated, we are no longer in the Cold War ...
... This would represent an entirely new quality ...
... What we cannot accept is an aimless, random, and also unscrupulous spying on citizens ...
.... Who actually controls what the US services do here? Practically nobody, that is the answer. What have we actually agreed to? How is it controlled? Are the points of the agreements being respected? This is the least we can ask for ...
Do the 'Allied' secret services have subdivided our capital Berlin into sectors yet again? Have they ever stopped doing so, although for more than 20 years we are sovereign and have reached adult age? Maybe now we should resist with sovereignty, so the big American brother in Washington stops watching us. Or shall we just ignore everything with sovereignty?

Excerpts of the radio programme Der Tag on HR2, broadcast November 11, 2013

Daniel Domscheit-Berg

In einer digitalisierten Welt können sie so viel und so lange speichern, wie sie möchten. Es gibt kein Limit mehr.

Ein ehemaliger Stasi-Oberst hat zu Beginn der NSA-Affäre gesagt, dass er früher 50 Telefonanschlüsse abhören konnte, und wenn dann noch einer dazu sollte, musste ein anderer vom Haken. Das war die analoge Welt.

Heute spielt es keine Rolle mehr, wie viele ich überwachen will. Es gibt aber noch eine Limitierung: Die Algorithmen, die diese Daten interpretieren sollen. Es ist schon vorgekommen, dass die Polizei ausgerückt ist, weil die Frau im Internet einen Schnellkochtopf gesucht hat und ihr Mann einen Rucksack. Der Algorithmus, der diese Schlussfolgerung gezogen hat, taugt also nichts.

IBM arbeitet derzeit aber an der „Cognitive Computing Initiative", die in den nächsten zehn, zwölf Jahren abgeschlossen sein wird. Der Computer bekommt kognitives Verständnis. Er muss nicht mehr programmiert werden, sondern lernt. Dem füttert man Informationen und er fängt an, sie zu interpretieren. Das ist richtige künstliche Intelligenz.

Wenn diese Technologie da ist, wird es ein Gehirn geben, das hunderttausende Kameras, die etwa in London montiert sind, zeitgleich und in Echtzeit auswerten kann.

Dann schützt uns nichts mehr vor den dunkelsten Zeiten, die die Menschheit jemals gesehen hat. Dann wissen einige wenige alles über alle anderen.

Vor diesem Zeitpunkt müssen wir richtig Angst haben. Wenn wir bis dahin kein Ethikgerüst haben, haben wir ein Riesenproblem.

(Interview Frankfurter Rundschau 10/05/14)

Daniel Domscheit-Berg

In a digitalised world, you can store as much data for as long as you want. There are no limits.

At the beginning of the NSA affair, a former Stasi officer said that in earlier days he was able to tap and listen in on 50 phone connections at a time, but when one more had to be tapped, another one had to be disconnected from. This was the analogue world.

Today, it does not matter how many lines one wants to monitor. But there is still a limitation: the algorithm, which interprets the data. It has happened that the police moved out because a woman was searching for a pressure cooker on the internet and her husband was looking for a backpack. So, the algorithm which had come to this conclusion was of no use.

IBM is currently working on a 'Cognitive Computing Initiative' which will be finalised in about ten to twelve years. The computer develops a cognitive understanding. It does not need to be programmed anymore, but learns on its own. It will be fed with information and it will start interpreting it. This is real artificial intelligence.

Once this technology has been developed, there will be a brain, which will be able to analyse simultaneously and in real time hundreds of thousands of installed cameras, like in London.

Nothing will protect us then from the darkest times mankind has ever seen. A select few will know everything about everyone.

When this becomes reality, we need to be afraid. If we do not have established an ethical framework by then, we will have a huge problem.

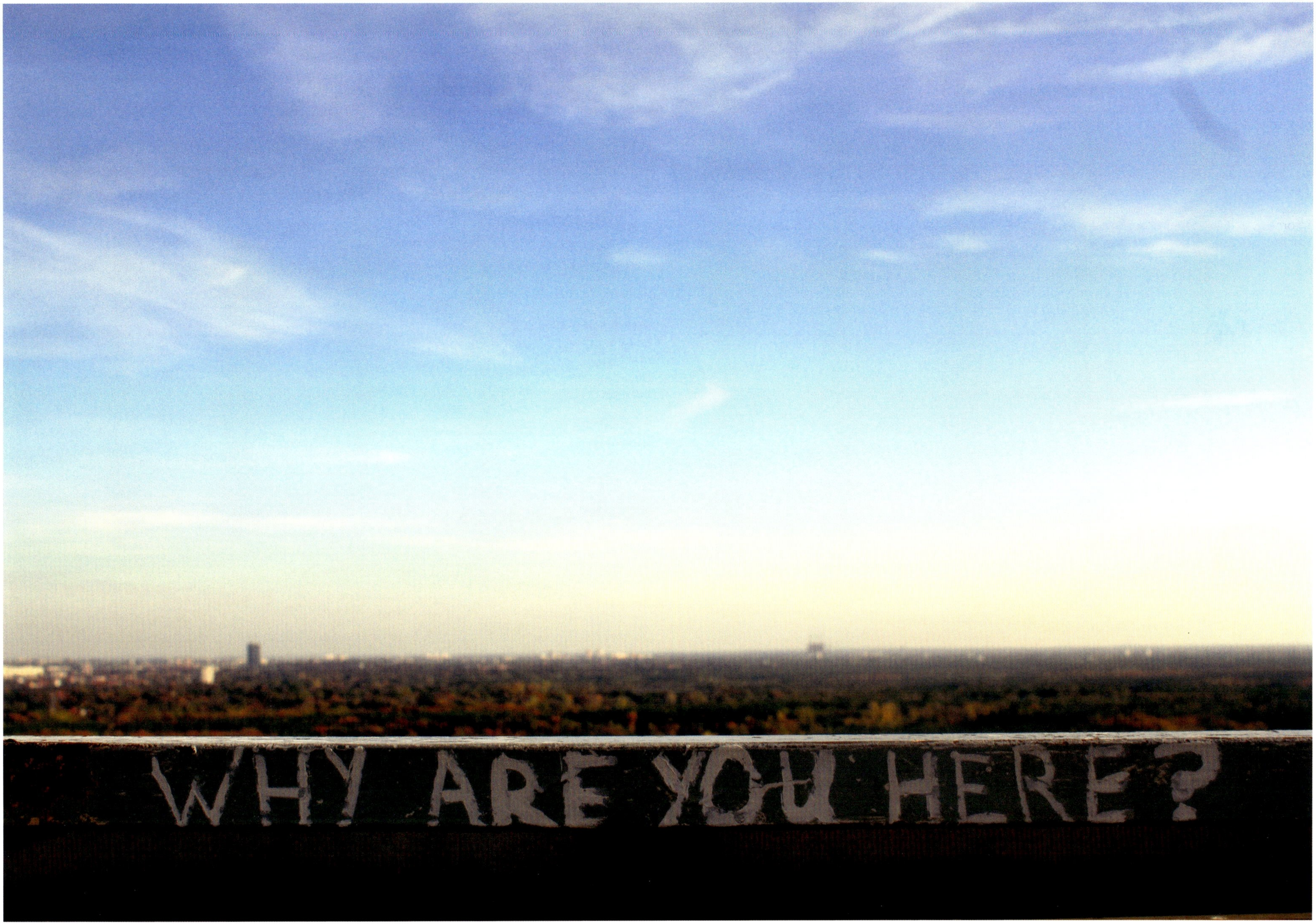
WHY ARE YOU HERE?

Das Copyright für veröffentlichte, vom Verlag und Autor selbst erstellte Objekte bleibt allein beim Autor. Eine Vervielfältigung oder Verwendung solcher Grafiken, Fotos und Texte in anderen elektronischen oder gedruckten Publikationen ist ohne ausdrückliche Zustimmung des Autors nicht gestattet.

Copyright The copyright for any material created by the publisher and the author is reserved. Any duplication or use of objects such as images, diagrams, photos, or texts in other electronic or printed publications is not permitted without the author's explicit consent.

Haftungsausschluss:
Der Autor übernimmt keinerlei Gewähr für die Aktualität, Korrektheit, Vollständigkeit oder Qualität der bereitgestellten Informationen. Haftungsansprüche gegen den Autor, welche sich auf Schäden materieller oder ideeller Art beziehen, die durch die Nutzung oder Nichtnutzung der dargebotenen Informationen bzw. durch die Nutzung fehlerhafter und unvollständiger Informationen verursacht wurden, sind grundsätzlich ausgeschlossen.

Disclaimer: The author reserves the right to refuse responsibility for the topicality, correctness, completeness, or quality of the information provided. Liability claims regarding damages caused by the use of any information provided, including any kind of incomplete or incorrect information, will therefore be rejected.

Fotos von

Laura Speicher
Cover front, Cover back
Seite 2, 4, 5, 6, 7, 8, 17, 22, 25, 26, 28, 30, 31, 32, 52, 62, 68/69, 70/71, 72, 73, 74, 75, 76, 77, 79, 80, 81, 4x 82 r., 82, 83, 88, 89, 90, 92, 94, 96, 97, 99, 100, 102, 104, 105, 108, 109, 112, 115.

Awareness of Life Photography
Seite 15, 36, 40, 41, 43, 82 l., 86, 93, 95, 98, 107.

Momó Diaz
Seite 18, 21, 23, 24, 27, 39, 54, 61, 74 l.

Hüsna Gecer
Seite 12, 14, 29, 85, 91.

Jesse Ajwani
Seite 35, 78, 101, 103.

Perle Goukhassian
Seite 42, 3x 76 l.

David Amberg
Seite 63

G. Münchow
Seite 37, 60.

Landesarchiv Berlin
S. 9, links o. N., rechts Willy Kiel, 1951 –
S. 10, o. N. –
S. 16, S. 34, Gert Schütz –
S. 38, Horst Siegmann, 1961 –
S. 56, H. Seiler, 1966 –
S. 58, S. 59, Wolfgang Albrecht, 1980

Künstler so weit bekannt/Artists as far as known:

Seite 7 – MOE, S. 8 o. N., S. 17 o. N., S. Robi the Dog, S. 19 MLP, S. 21 SMER, S. 22 o. N., S. 23 CRIME, S. 24 Hocus/Riot/Dos, S. 25 Plotbot, S. 26-34 o. N., S. 35 DSC Crew, S. 39 SOMEX, S. 45 Plotbot, S. 46-48 o. N., S. 47 Alaniz, S. 49 Alaniz, S. 51 Sirius7, S. 52 Plotbot, S. 53 TUK, S. 54 o. N., S. 55 John Knl, S. 57 o. N., S. 61 Rotraut von der Heide , S. 62 MOE, S. 63 IBAK, S. 64-65 o. N., S. 66/67 Awer, S. 68-73 o. N., S. 74 l, CaroPepe, S. 74 r. o. N., S. 76 Ambush/Riot, S. 77-78 o. N., S. 79 Zulu Nation, S. 80 OneUp/El Bocho, S. 81 PAW1, S. 82 Ambush, S. 83 SAM Crew, S. 84-86 o. N., S. 87 WESR&GREB, S. 88 o. N., S. 89 Fremithi, S. 90-92 o. N., S. 93 Riser&Perso, S. 94 MIC Crew, S. 99 Alaniz, S.100 o. N., S. 107 Alaniz, S. 108 Plotbot, S. 109 o. N., S. 112 Sonic One., Back Cover ALIAS

Erstauflage 2016 Copyright by Eureka!book-berlin Verlag

Camille Ajwani - Herausgeberin
Ariane Ajwani – Redaktionsleitung, Übersetzung, Texte
Yohanes Prastomo – Layout – Illustrationen - Cover
Laura Speicher – Fotografin – Redaktion Fotogestaltung
Robert Kugler – Recherche, Texte
Linda Ihlein – Proof reading
Jesse Ajwani – Fotograf – Redaktionelle Mitarbeit
Alexandre Dujardin - Layout print

Fotos:
Laura Speicher
Awareness of Life Photography
Momó Diaz
Hüsna Gecer
Jesse Ajwani
Perle Ghoukassian

Landesarchiv Berlin

Big Thanks to all the inspiring artists who left their writing on the wall!!!

Best Preis Printing Seefeld

Issue 2016 Copyright by Eureka!book-berlin Verlag

Camille Ajwani - Publication
Ariane Ajwani – Editing, Translation, Text
Laura Speicher - Cover – Photos – Photo & Text Editing
Robert Kugler – Research, Text
Linda Ihlein – Proof reading
Jesse Ajwani – Photos – Assistant Editing
Adrian Iselin – English Language Editing
Yohanes Prastomo – Layout – Illustrations,
Alexandre Dujardin - Layout print

Photos:
Laura Speicher
Awareness of Life Photography
Momó Diaz
Hüsna Gecer
Jesse Ajwani
Perle Ghoukassian

Landesarchiv Berlin

Many thanks to all the inspiring artists who left their writings on the walls!!!